CRIMES FISCAIS

INCONSTITUCIONALIDADE E ATIPICIDADE

O livro é a porta que se abre para a realização do homem.
Jair Lot Vieira

Luiz Celso de Barros

CRIMES FISCAIS

INCONSTITUCIONALIDADE E ATIPICIDADE

edipro

Crimes Fiscais
INCONSTITUCIONALIDADE E ATIPICIDADE

Luiz Celso de Barros

1ª Edição 2014

© desta edição: Edipro Edições Profissionais Ltda. – CNPJ nº 47.640.982/0001-40

Todos os direitos reservados. Nenhuma parte deste livro poderá ser reproduzida ou transmitida de qualquer forma ou por quaisquer meios, eletrônicos ou mecânicos, incluindo fotocópia, gravação ou qualquer sistema de armazenamento e recuperação de informações, sem permissão por escrito do Editor.

Editores: Jair Lot Vieira e Maíra Lot Vieira Micales
Coordenação editorial: Fernanda Godoy Tarcinalli
Editoração: Alexandre Rudyard Benevides
Revisão: Sandra Cristina Lopes
Arte: Karine Moreto Massoca

Dados Internacionais de Catalogação na Publicação (CIP)
(Câmara Brasileira do Livro, SP, Brasil)

Barros, Luiz Celso de
  Crimes fiscais : inconstitucionalidade e atipicidade / Luiz Celso de Barros – São Paulo: Edipro, 2014.
  Bibliografia
  ISBN 978-85-7283-835-1

  1. Direito constitucional 2. Direito penal 3. Direito processual 4. Direito tributário I. Título.

13-11297   CDD-343.359.2

Índices para catálogo sistemático:
1. Crimes fiscais : Direito tributário penal : 343.359.2

EDITORA AFILIADA

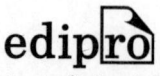

edições profissionais ltda.
São Paulo: Fone (11) 3107-4788 – Fax (11) 3107-0061
Bauru: Fone (14) 3234-4121 – Fax (14) 3234-4122
www.edipro.com.br

SUMÁRIO

Nótulas introdutórias 9

I – Direito Constitucional 11
   1. A fonte do Direito e suas ramificações 11
   2. Prisão por dívida 12

II – Direito Penal 15
   1. Noção de crime 15
      1.1. Síntese 15
      1.2. Conceituação 16
      1.3. Sujeito passivo 17
      1.4. Concurso de crimes 21
   2. Do tipo penal 22
      2.1. Elementares do tipo 22
   3. Crime consumado e tentado 24
   4. Algumas classificações doutrinárias 26
   5. Decadência e prescrição 28
      5.1. Decadência e a extinção da punibilidade 29
      5.2. Prescrição da pretensão punitiva 29
          5.2.1. Dos prazos prescricionais 29

5.2.2. Contagem dos prazos: Interrupções	30
5.2.3. Antes do trânsito em julgado: Máximo da pena prevista	31
5.2.4. Depois do trânsito em julgado: Pena contida na sentença (decisão)	33
5.2.5. Natureza jurídica	35
5.3. Prescrição da pretensão executória	36
5.4. Questões processuais	37
5.4.1. Juiz competente	37
5.4.1.1. Pena privativa de liberdade	37
5.4.1.2. Outras penalidades	38
5.4.2. Exasperação da pena e a prescrição	39
5.4.3. Exceções à regra	40
5.4.3.1. Pena de multa	40
5.4.3.2. Réu menor de 21 anos ou maior de 70 anos de idade	41
5.4.3.3. Crime continuado	42
5.4.3.4. Reconhecimento pelo juiz na sentença	44
6. Prescrição virtual	44
III – Direito Tributário	**47**
1. Noção de tributo	47
2. Espécies de tributo	48
3. Pressupostos do tributo	50
3.1. Lei	50
3.2. Fato gerador	51
3.3. Lançamento	53
4. Lançamento: Constituição do crédito tributário	54
4.1. Competência privativa	54
4.2. Natureza jurídica	56
4.3. Prazo decadencial	57
4.4. Constituição definitiva do crédito tributário	58
4.4.1. Decadência tributária e crime fiscal	62

5. Lançamento de ofício 63
6. Procedimento fiscal apuratório do lançamento: Auto de Infração e Imposição de Multa [AIIM] 63
7. "Autolançamento": Heresia terminológica 65

IV – Direito Tributário Penal 67
1. Introdução 67
2. Modalidades de lançamentos e seus efeitos penais 68
    2.1. Lançamento de ofício direto 68
    2.2. Lançamento de ofício por declaração 70
    2.3. Lançamento de ofício por homologação 72
3. Pagamento do crédito: extinção da punibilidade ou sentença absolutória 75

V – Atipicidade dos Crimes Fiscais 79
1. Introdução 79
2. Elementares dos crimes fiscais 80
    2.1. Nos crimes contra a ordem tributária 80
    2.2. Nos crimes de sonegação fiscal 82
3. Tentativa impunível 83
4. Crime impossível 84
    4.1. Auto de Infração e Imposição de Multa: AIIM 86
    4.2. Crime impossível e concurso de crimes 86
5. O STF e os crimes fiscais 87
    5.1. Crime material 88
    5.2. Ampla defesa e contraditório administrativos 88
    5.3. Constituição definitiva do crédito 89
    5.4. Tributo: elementar do tipo 89
    5.5. Consumação do crime fiscal 90
    5.6. Constituição definitiva do crédito: Prescrição da pretensão punitiva 90
    5.7. Considerações derradeiras 91
6. Crime meio e crime fim 91

VI – Direito Penal Administrativo Tributário 95
1. Justificativa da terminologia 95
2. Crime fiscal e infração administrativa 95

VII – Direito Tributário Constitucional 99
1. Obrigações acessórias: Inconstitucionais 99
   1.1. Declarações prestadas pelo contribuinte: Eficácia de veracidade – Inconstitucionalidade 99
   1.2. Exigência fiscal: Inconstitucionalidade 102

VIII – Direito Processual [Penal – Civil] Tributário 105
1. Garantias constitucionais 105
   1.1. Exceção de preexecutividade 105
   1.2. Outras medidas civis 108
   1.3. Ampla defesa e contraditório 109
   1.4. Outros princípios 111
   1.5. Cânones do Direito Natural como *leges legum* 111
2. *Habeas corpus* 113
   2.1. *Habeas corpus*: Ausência de justa causa 115
   2.2. *Habeas corpus*: Extinção da punibilidade – Prescrição 116
3. Ação de ressarcimento 117

IX – Legislação 119
1. Lei nº 4.729, de 14 de julho de 1965 – *Define o crime de sonegação fiscal e dá outras providências* 119
2. Lei nº 6.830, de 22 de setembro de 1980 – *Dispõe sobre a cobrança judicial da Dívida Ativa da Fazenda Pública, e dá outras providências* 122
3. Lei nº 8.137, de 27 de dezembro de 1990 – *Define crimes contra a ordem tributária, econômica e contra as relações de consumo, e dá outras providências* 134

Referências 143
Índice alfabético-remissivo 149

NÓTULAS INTRODUTÓRIAS

Buscamos tangenciar neste trabalho, alguns tópicos que são úteis para a compreensão das matérias expostas.

Acredito que seremos enfadonhos para os eminentes Penalistas, ao se debruçarem sobre as matérias por eles conhecidas, e, o mesmo ocorre com os ilustres Tributaristas; perdoem adentrar em tão profunda seara dominada por todos quantos lerem estes escritos.

Com este pedido de clemência, vejamos!

DIREITO CONSTITUCIONAL

1. A FONTE DO DIREITO E SUAS RAMIFICAÇÕES

A norma fundamental tem, entre outros, o aspecto primordial em dar "validade a todas as normas pertencentes a uma ordem. Uma norma singular é uma norma jurídica, e pertence a determinada ordem jurídica quando a sua validade se fundamente na **norma fundamental** dessa ordem", como sustenta Hans Kelsen (1976, p. 56).

Assim, a Constituição, criando *dogmas* ou *princípios*, institui o ápice, o vértice, cujas caudais são formadas pelo *Direito positivo*, como afirma Victor Uckmar (1976, p. 1): "Todo o ramo do direito – como disse Pellegrino Rossi – possui *sés têtes de chapitre* no direito constitucional, entendido como o ordenamento supremo dos Estados".

Inegavelmente, portanto, todos os ramos do *Direito* brotam do texto Magno, e, como tal, o Direito Financeiro e o Tributário repousam nos princípios e dogmas criados pela Lei Maior, assim como o Direito Administrativo, Penal, Processual, do Trabalho, enfim...

Dentro desta linha de pensamento os doutrinadores indicam a existência de um *Direito Administrativo Constitucional*, envolvendo os dogmas daquele ramo encartados na Carta Política, ao lado de um *Direito Penal Constitucional*, pelas regras emanadas; com esta finalidade, merecendo, como sempre, a observação apontada por Aliomar Baleeiro (1974, p. 8):

O conjunto desses princípios e as regras pelas quais se realiza a discriminação das rendas no sistema de 1969 formam o que alguns financistas e juristas já apartam do Direito em geral para formação de ramo dogmaticamente autônomo – o *Direito Tributário Constitucional*.

Não é só. Há, ainda, um entrelaçamento da Administração Pública, exercida pela Fazenda Pública, com as regras do *Direito Administrativo*, com outros segmentos do Direito, inclusive do Direito Tributário com outros ramos, quer no âmbito da Regra Fundamental, quer nas leis delas decorrentes, proporcionando a adoção de um ramo *misto* destes, como destaca Ramagem Badaró (1976, p. 109):

> Cabe, entretanto, a *execução* da realização do fato gerador do tributo, *lato sensu*, à administração tributária do Estado. A qual tem no Direito Administrativo Tributário, o veículo de disciplinamento das relações entre a *autoridade tributária e o contribuinte e entre a formação do débito fiscal e a fiscalização*.

Forçoso é reconhecer que há um desdobramento, fruto deste entendimento, com raízes na própria Constituição, a que não é desprezível a noção da existência de um *Direito Administrativo Tributário Penal*, quando aplicados alguns institutos penais na apuração de infrações tributárias pelo não cumprimento das regras tributárias, em que as normas versam sobre a imposição de sanções estritamente *fazendárias*, ou quanto ao tipo de sanção, de um *Direito Penal Tributário "conforme se trata de sanção de caráter de reparação ou de repressão"* [abordagem feita por Ramagem Badaró (1976, p. 110)].

Paralelamente, encontramos um *Direito Processual Tributário*, no âmbito de competência de cada entidade de Direito Público, visando aos aspectos almejados pela norma [administrativa, civil ou penal].

2. PRISÃO POR DÍVIDA

As noções anteriormente apresentadas encaminham o intérprete ao estudo aprofundado dos dogmas contidos na *Lex Mater*, envolvendo suas irradiações no mundo da exegese de seus dogmas.

Esta postura é ressaltada no entendimento de Eduardo Marcial Ferreira Jardim (1996, p. 27), quando vê, como fruto de uma pretensão punitiva nos crimes contra a ordem tributária, que fere a norma fundamental, com a seguinte orientação:

> CRIME TRIBUTÁRIO. Trata-se da criminalização por dívida, no caso, a de índole tributária. Encontra-se basicamente normatizado por meio da Lei nº 8.137/1990 que, ao lado de outros diplomas, estabelece penas de detenção e de reclusão para os delitos categorizados como crimes contra a ordem tributária. Preliminarmente, cumpre esclarecer que dados comportamentos podem desencadear efeitos simultâneos na seara tributária e na órbita penal, a exemplo da falsificação de guiar de recolhimento de tributos, descaminho, dentre outros. O que nos parece inconcebível é a pretendida criminalização do devedor de tributos, pois essa hipótese afronta o inciso LXVII do art. 5º do Diploma Excelso, **cujo teor proíbe a prisão por dívida, excetuadas as hipóteses de inadimplemento de pensão alimentícia e do depositário infiel**. [*Grifos nossos*]

Na esteira desta lição, se a Código Supremo, em seu art. 5º, inciso LXVII, fixa que: "não haverá prisão civil por dívida, salvo a do responsável pelo inadimplemento voluntário e inescusável de obrigação alimentícia e a do depositário infiel", qualquer Lei que imponha uma constrição em decorrência de dívida, fere o dogma encartado, tornando-a, assim, **inconstitucional**.

Poderíamos, assim, finalizar o aprofundamento sobre o tema, pela ótica manifestada, exclusivamente pela lente da norma fundamental, contudo, ousamos nele nos aprofundar.

Objetivamos, neste estudo, visualizar a matéria do ponto de vista do Direito Penal e do Direito Tributário, fundindo as interpretações e ousando um aprofundamento nessas disciplinas, talvez, em benefício de uma ótica singular. Penitenciando-nos, contudo, por qualquer exagero.

II

DIREITO PENAL

1. NOÇÃO DE CRIME

1.1. Síntese

Na noite dos tempos, pode-se reconhecer que o Direito nasceu quando um homem *olhou* para outro semelhante, eis que, a partir de então, surgiram relações humanas, as quais mereceram o seu balizamento, até de forma incipiente, nascendo as normas que regulam a vida em sociedade.

A secular evolução do Direito, por meio de seus diversos estágios, até os tempos atuais, foi marcada por guerras, revoluções, discórdias, enfim, está tintada por toda a sorte de ocorrências, da adoção de regras não escritas, do *direito consuetudinário*, que fincaram os fundamentos das vidas de nossos antepassados.

Adotaram-se os **princípios**, em que os povos criaram, pelas suas longas experiências seculares, verdadeiros sustentáculos do Direito, os quais informam toda a base de nossa legislação, ora integrantes de forma *expressa* em nossa Constituição, ora implicitamente admitidos, além das normas criadas, lembrando o velho **dogma**, que a integra desde 1988: "não há crime sem lei anterior que o defina, nem pena sem prévia cominação legal" – inciso XXXIX do art. 5º, que os nossos alfarrábios identificam como: *nullum crimen, nulla poena sine lege*, o qual, aliás, já estava expresso no art. 1º do Código Penal.

Não basta, entretanto, mergulharmos nesta seara sem traçarmos algumas linhas sobre determinados fundamentos do Direito Penal.

1.2. Conceituação

A noção de crime implica no aprofundamento técnico, porém, para o prisma deste trabalho, mencionamos que, sobre a matéria, predominam dois *sistemas*: o *formal* e o *material*.

Do ponto de vista **material**, conforme a lição de Damásio Evangelista de Jesus (2003, p. 151):

> é de grande relevância jurídica, uma vez que coloca em destaque o seu conteúdo teleológico, a razão determinante de constituir uma conduta humana infração penal e sujeita a uma sanção. É certo que sem descrição legal nenhum fato poder ser considerado crime. Todavia, é importante estabelecer o critério que leva o legislador a definir somente alguns fatos como criminosos. É preciso dar um norte ao legislador, pois, de forma contrária, ficaria ao seu livre alvedrio a criação de normas penais incriminadoras, sem esquema de orientação, o que, fatalmente, viria lesar o *jus libertatis* dos cidadãos.

Por outro lado, levando em consideração o aspecto **formal**, só há o crime quando a figura se amolda em um **fato típico** e **antijurídico**, mas, a ausência de qualquer um deles faz desaparecer o crime, tornando o **fato atípico** ou **jurídico**.

O *fato típico*, segundo, mais uma vez, o escólio de Damásio Evangelista de Jesus (2003, p. 155), se desdobra em: a) *conduta humana – dolosa ou culposa*; b) *resultado* (salvo os crimes de mera conduta); c) *nexo de causalidade* (salvo os crimes de mera conduta e formais); d) *enquadramento do fato material a uma norma incriminadora*; e e) *imputação objetiva*.

Assim, só há o *fato típico* quando estiverem presentes todos estes *ingredientes*, que são seus elementos. Contudo, a ausência de qualquer um só deles, faz desaparecer a conduta criminosa.

Muitas vezes, porém, há um fato típico, entretanto, a conduta de quem o praticou está acobertada por uma causa que exclui a *antijuridicidade* – contrária ao direito –, a qual a torna lícita, quando o agente pratica o fato: em estado de necessidade, em legítima defesa ou em estrito cumprimento de dever legal ou no exercício regular de direito [art. 23 do CP].

Na orientação de Fernando Capez (2003, p. 249):

> Pode-se assim dizer que todo fato penalmente ilícito é, antes de mais nada, típico. Se não fosse, nem existiria preocupação em aferir sua ilicitude. No entanto, pode suceder que um fato típico não seja necessariamente ilícito, ante a concorrência de causas excludentes. É o caso do homicídio praticado em legítima defesa. O fato é típico, mas não ilícito, daí resultando que não há crime.

Arremata, em seguida, com a objetividade indispensável, Damásio Evangelista de Jesus (2003, p. 355):

> Antijuridicidade é a relação de contrariedade entre o fato típico e o ordenamento jurídico. A conduta descrita em norma penal incriminadora será ilícita ou antijurídica quando não for expressamente declarada lícita. Assim, o conceito de ilicitude de um fato típico é encontrado por exclusão: é antijurídico quando não declarado lícito por causas de exclusão da antijuridicidade (CP, art. 23 ou normas permissivas encontradas em sua parte especial ou em leis especiais).

Para o Direito Penal, portanto, presentes o **fato típico** e a **antijuridicidade**, há crime, e, como consequência, proporciona o estudo e a aplicação da **culpabilidade** e da **punibilidade**; aquela atrelada diretamente na imposição da penalidade, esta, envolve a aplicação de uma sanção.

1.3. Sujeito passivo

Pode parecer, à primeira vista, ser impertinente esta abordagem, contudo, de grande relevância.

José Frederico Marques (1955, p. 30) descreveu com peculiar precisão de que o processo penal brasileiro é concebido pelo *actum trium personarum*:

O processo penal é um processo de partes. Frente ao juiz, que encarna o poder do Estado de aplicar o direito objetivo, há um autor que pede a atuação da *voluntas legis*, e um réu que impetra a pretensão jurisdicional para anular a pretensão do adversário.

O interesse punitivo do Estado, acrescenta, é representado pelo Ministério Público, *la partie poursuivante* como dizem em França, pátria da instituição, o titular do *jus accusationis*.

Mais ainda:

> Sujeito passivo da relação processual, ou réu, é aquele contra quem se dirige a pretensão punitiva do Estado, *id est*, apontado como autor do ilícito penal. No *habeas corpus*, é o órgão de que partiu a coação ilegal, quem encarna a função de réu; na revisão ou revisória penal, aquele para quem a sentença rescindenda fez coisa julgada, ou seja, o próprio Estado como titular do direito de punir.

No processo penal pode haver pluralidade de partes. No caso de concurso de agentes ou de delitos, que dê causa à conexão ou continência, ao lado do Ministério Público, há outrossim um litisconsórcio ativo de caráter necessários para o último, e voluntário para o primeiro.

O sujeito passivo tem várias denominações, no próprio Código Penal e na legislação extravagante, sendo denominado, na pendência do inquérito policial, de *averiguado, investigado* ou *indiciado*; durante a instrução criminal de *réu* ou *denunciado*; e, depois da sentença, de *sentenciado, condenado* ou *preso, detento* ou *recluso*.

O fato pode ocorrer envolvendo apenas uma só pessoa ou várias, surgindo as denominações: autor, coautor e partícipe.

Na lição de Cláudio Heleno Fragoso (2004, p. 313):

> *Autor* é quem realiza diretamente a ação típica ou quem realiza através de outrem, nos casos da chamada *autoria mediata* (cf. nº 246, *infra*). *Partícipe*, em sentido amplo, é todo aquele que, de qualquer forma, concorre para a ação delituosa; em sentido estrito, é todo aquele que, *sem realizar conduta típica*, contribui para a ação típica de outrem.

Há uma relevância, neste ponto, fruto das medidas jurídicas a serem adotadas, decorrente da tese central defendida, da atipicidade destes crimes, porém, ganhando relevo em nome de quem elas serão deduzidas ou propostas.

Inobstante, surge, de imediato, mais uma situação curiosa no âmbito do Direito Tributário: sabemos que o contribuinte ou o sujeito passivo desta obrigação, pode ser: 1) pessoa física – caso do imposto de renda, imposto predial ou territorial urbano ou rural; ou 2) pessoa jurídica, na qual incidem inúmeros impostos: ICMS, IPI, IR etc.

Na imputação da infração tributária envolvendo pessoa física, inexiste qualquer dificuldade em fixar o eventual autor do delito da infração contra a ordem tributária.

Quanto à pessoa jurídica, há uma complexidade maior, em face da noção sedimentada que, somente o homem pode cometer um delito.

Antonio Baptista Gonçalves (2009, p. 85) arremata:

> Entendemos que não é possível uma empresa, fisicamente, cometer um delito, todavia, nos grandes conglomerados empresariais, uma empresa desenvolve uma política tão forte, tão sedimentada, que os sócios e os funcionários podem ser modificados ao longo do tempo, mas a política da empresa se mantém inalterada. É a mantenedura de uma filosofia, independentemente do comando.

A responsabilidade penal, contudo, tende a recair na pessoa de quem, efetivamente, deu causa à conduta delituosa, evidenciando o dolo, a ser apurada nos autos do *inquérito policial*.

Aliás, o próprio Código Tributário, em seu art. 134, enumera algumas pessoas que são responsáveis pelos tributos devidos, pela prática de *ação* ao *intervirem* ou pelas *omissões* de que forem responsáveis, atribuídas, quando a exigência não puder ser satisfeita pelos contribuintes:

I – os pais, pelos tributos devidos por seus filhos menores;

II – os tutores e curadores, pelos tributos devidos por seus tutelados ou curatelados;

III – os administradores de bens de terceiros, pelos tributos devidos por estes;

IV – o inventariante, pelos tributos devidos pelo espólio;

V – o síndico e o comissário, pelos tributos devidos pela massa falida ou pelo concordatário;

VI – os tabeliães, escrivães e demais serventuários de ofício, pelos tributos devidos sobre os atos praticados por eles, ou perante eles, em razão do seu ofício;

VII – os sócios, no caso de liquidação de sociedade de pessoas.

Idêntica medida se vê, também, no art. 135, elegendo quem são pessoalmente responsáveis pelos tributos devidos, resultantes de atos praticados com excesso de poderes ou por infração de lei, contrato social ou estatutos:

I – as pessoas referidas no artigo anterior;

II – os mandatários, prepostos e empregados;

III – os diretores, gerentes ou representantes de pessoas jurídicas de direito privado.

Há casos, contudo, que recaem com responsabilidade pessoal, nas situações descritas no art. 137, envolvendo a responsabilidade por *infrações*, nas seguintes pessoas:

I – quanto às infrações conceituadas por lei como crimes ou contravenções, salvo quando praticadas no exercício regular de administração, mandato, função, cargo ou emprego, ou no cumprimento de ordem expressa emitida por quem de direito;

II – quanto às infrações em cuja definição o dolo específico do agente seja elementar;

III – quanto às infrações que decorram direta e exclusivamente de dolo específico:

a) das pessoas referidas no artigo 134, contra aquelas por quem respondem;

b) dos mandatários, prepostos ou empregados, contra seus mandantes, preponentes ou empregadores;

c) dos diretores, gerentes ou representantes de pessoas jurídicas de direito privado, contra estas.

Não pode ser desprezada, também, as figuras do contador, do chefe do setor de recursos humanos, pelo cargo ou emprego, e de outras pessoas.

Ressalte-se, mais uma vez, que a responsabilidade estará sendo garimpada no devido *procedimento inquisitorial*, ou seja, no inquérito policial.

1.4. Concurso de crimes

A previsão desta classificação está encartada no Capítulo III do Título V do Código Penal, envolvendo a *aplicação das penas*, e distinguindo-as em:

- concurso material;
- concurso formal;
- crime continuado.

O Código Penal trata destas modalidades nos seguintes dispositivos:

- **Concurso material**

Art. 69. Quando o agente, mediante mais de uma ação ou omissão, pratica dois ou mais crimes, idênticos ou não, aplicam-se cumulativamente as penas privativas de liberdade em que haja incorrido. No caso de aplicação cumulativa de penas de reclusão e de detenção, executa-se primeiro aquela. *(Art. 69, caput, com redação dada pela Lei nº 7.209/1984)*

- **Concurso formal**

Art. 70. Quando o agente, mediante uma só ação ou omissão, pratica dois ou mais crimes, idênticos ou não, aplica-se-lhe a mais grave das penas cabíveis ou, se iguais, somente uma delas, mas aumentada, em qualquer caso de um sexto até metade. As penas aplicam-se, entretanto, cumulativamente, se a ação ou omissão é dolosa e os crimes concorrentes resultam de desígnios autônomos, consoante o disposto no artigo anterior. *(Art. 70, caput, com redação dada pela Lei nº 7.209/1984)*

- **Crime continuado**

Art. 71. Quando o agente, mediante mais de uma ação ou omissão, pratica dois ou mais crimes da mesma espécie e, pelas condições de tempo, lugar, maneira de execução e outras semelhantes, devem os subsequentes ser havidos como continuação do primeiro, aplica-se-lhe a pena de um só dos crimes, se idênticas, ou a mais grave, se diversas, aumentada, em qualquer caso, de um sexto a dois terços. *(Art. 71, caput, com redação dada pela Lei nº 7.209/1984)*

Esta tipologia pode gerar uma denúncia, por exemplo, imputando ao réu a prática de vários crimes, em concurso material; porém, se estas condutas estiverem ungidas pelas condições de *tempo, lugar, maneira de execução* e *outras semelhantes*, a pugna deverá trasladar-se da figura descrita no art. 69 para a contida no art. 71.

2. DO TIPO PENAL

Resta-nos, agora, lembrar que o *fato típico* tem como um de seus elementos *o enquadramento de uma conduta na norma incriminadora*, contida na Lei Penal.

O Código Penal prevê, abstratamente, por exemplo: *matar* alguém – homicídio [art. 121]; *subtrair,* para si ou para outrem – furto [art. 155]; *obter,* para si ou para outrem, vantagem ilícita, em prejuízo alheio, induzindo ou mantendo alguém em erro, mediante artifício, ardil, ou qualquer outro meio fraudulento – estelionato [art. 171]; *importar ou exportar* mercadoria proibida ou *iludir* no todo ou em parte – contrabando ou descaminho [art. 334]. Tais redações constituem, portanto, o **tipo penal** de cada fato delituoso.

As normas penais, assim, descrevem condutas por meio de dispositivos denominados **tipos**.

Na legislação penal esparsa, da mesma forma, encontramos, dentre outras: *fabricar, ceder ou vender* gazua ou instrumento empregado usualmente na prática de crime de furto; *arremessar ou derramar* em via pública; *provocar* tumulto; *fingir-se* funcionário público; *estabelecer* ou *explorar* jogo de azar [respectivamente, arts. 24, 37, 40, 45 e 50 da Lei das Contravenções Penais]; e assim sucessivamente, porém, digno de registro a previsão do seguinte *tipo*: *suprimir* ou *reduzir* tributo [art. 1º da Lei nº 8.137/1990].

2.1. Elementares do tipo

Cezar Roberto Bitencourt (2003, p. 199), descreve:

> *Tipo* é o conjunto dos elementos do fato punível descrito na lei penal. O tipo exerce uma função *limitadora* e *individualizadora* das condutas humanas penalmente relevantes. É uma construção que surge da imaginação do legislador, que descreve legalmente as ações que considera, em

tese, delitivas. Tipo é um modelo abstrato que descreve um comportamento proibido. Cada tipo possui características e elementos próprios que os distinguem uns dos outros, tornando-os todos *especiais*, no sentido de serem inconfundíveis, inadmitindo-se a adequação de uma conduta que não lhes corresponda perfeitamente. Cada tipo desempenha uma função particular, e a ausência de um tipo não pode ser suprida por analogia ou interpretação extensiva.

Desta lição haurimos, desde logo, que o *tipo*, ao descrever uma conduta delituosa, contido num verbo o qual representa uma *ação* ou *omissão*, porém, muitas vezes, ao seu lado, encontramos certos **elementos ou elementares do tipo**, tornando determinada conduta, como vimos, especial em relação à outra, estipulando ou regrando, ainda, determinadas **circunstâncias**, com o objetivo de proporcionar o aumento ou a redução da penalidade.

Indispensável ainda que se faça uma abordagem de cunho interpretativo envolvendo o tipo. Na lição de Julio Fabbrini Mirabete (2004, p. 114):

> Fala-se também em tipos *fechados*, em que a tipicidade indica a antijuridicidade sem qualquer ressalva, condição ou restrição, e em tipos *abertos*, como acontece com os crimes, culposos em geral, em que a "conduta não expressa completamente a transgressão de uma norma, pois, nesta categoria o resultado é que confere vida à ilicitude, uma vez que a conduta era, em si mesma, legítima". Transfere-se assim ao intérprete a tarefa de tipificar cada conduta com fundamento em doutrina e jurisprudência, valendo-se, para tanto, de elementos não integrantes expressamente do tipo.

Na primeira afirmação, estamos frente ao tipo com *numerus clausus* – o tipo fechado; conquanto o *numerus apertus* represente o tipo aberto, com restrita aplicação no campo do Direito Penal.

Convém ressaltarmos, na esteira da exegese *fechada*, em *clausura*, envolvendo a norma penal que: quando um determinado *tipo* possui uma **elementar**, ausente esta, inexiste o crime.

O exemplo clássico é apontado na lição de Damásio Evangelista de Jesus, (2003, p. 157): o crime de furto é descrito como o fato de alguém "subtrair para si ou para outrem, coisa alheia móvel". Aí temos os seus elementos. Faltando, por exemplo, o elemento normativo "alheia", sendo própria a coisa móvel, o fato é **atípico**, não constituindo crime (salvo o disposto no art. 346). [Destaque não contido no original].

3. CRIME CONSUMADO E TENTADO

Torna-se relevante conhecermos, também, o disposto no art. 14 do Código Penal:

> Art. 14. Diz-se o crime:
>
> I – **consumado**, quando nele se reúnem todos os elementos de sua definição legal;
>
> II – **tentado**, quando, iniciada a execução, não se consuma por circunstâncias alheias à vontade do agente.
>
> Pena de tentativa
>
> Parágrafo único. Salvo disposição em contrário, pune-se a tentativa com a pena correspondente ao crime consumado, diminuída de um a dois terços. *(Art. 14 com redação dada pela Lei nº 7.209/1984)*

Magalhães Noronha (1982, p. 132) comenta:

> A CONSUMAÇÃO. Diz-nos o Código, no art. 12, I [atual 14, I], que o crime é consumado quando reúne todos os elementos de sua definição legal. Noutras palavras, consuma-se o delito quando há realização integral do *tipo*.

Enfatizamos, mais uma vez, o alerta de que, quando o **tipo** penal [por exemplo: art. 171 – **obter**] exige uma **elementar** [mediante **artifício, ardil ou qualquer outro meio fraudulento**], só haverá o crime quando presentes o **tipo** e as **elementares** – *nele se reúnem todos os elementos de sua definição legal* –, eis que, caso contrário, a *conduta* torna-se **atípica**, não se amoldando integralmente na descrição legal do crime.

Por outro lado, o crime pode não se consumar, ou seja, o tipo não se completa com o caso concreto, ocorrendo um crime meramente **tentado**, em que é iniciada a execução de um crime, porém, não se consuma a infração.

Estaríamos, então, frente ao *crime* **tentado**, em que, "*a atividade do agente é mais ou menos coroada de êxito, embora não alcance o resultado* em que mira; ele realiza atos – mais ou menos idôneo, mais ou menos hábeis – para obter o evento, que não atinge", conforme professa Basileu Garcia (1976, p. 234).

A doutrina distingue a *tentativa* **perfeita** ou **acabada**, também chamada de *crime* **falho**, na lição de Antolisei, e a *tentativa* **imperfeita** ou **inacabada**. Também conhecida como **tentativa branca** – "*quando o objeto material não sofre lesão*", lembrada por Damásio Evangelista de Jesus (2003, p. 221).

Desistência voluntária e arrependimento eficaz

Art. 15. O agente que, voluntariamente, desiste de prosseguir na execução ou impede que o resultado se produza, só responde pelos atos já praticados.

Paralelamente, envolvendo a consumação de uma infração penal, surge uma relevante figura no Direito Penal, fruto da prática de uma conduta, entretanto, ela não se amolda ao tipo penal, em face da ocorrência de um:

Crime impossível

Art. 17. Não se pune a tentativa quando, por ineficácia absoluta do meio ou por absoluta impropriedade do objeto, é impossível consumar-se o crime.

Cláudio Heleno Fragoso (2004, p. 307) legou-nos o seguinte entendimento:

239. Diz-se o crime impossível quando não se pode consumar por absoluta inidoneidade do *meio* ou por absoluta impropriedade do *objeto* (art. 17 do CP).

Nossa lei adotou, a propósito, a *teoria objetiva*, que é corolário lógico da noção *realística do crime* (Nelson Hungria).

Meio *inidôneo é aquele a que falta potencialidade causal*. Meio *absolutamente* inidôneo é aquele que, por sua essência ou natureza, não é capaz de produzir o resultado. Assim, se o agente ministra substância inócua a seu inimigo, ao invés de veneno. Convém, no entanto, notar que a inidoneidade do meio deve ser sempre aferida *ex post*, em face do caso concreto. O meio normalmente inidôneo pode ser, excepcionalmente, idôneo. Exemplo: pode-se matar de susto pessoa cardíaca. A inidoneidade será apenas *relativa* se o meio normalmente eficaz deixou de operar pelas circunstâncias em que foi empregado. Ex.: veneno em dose não letal.

Há impropriedade absoluta do *objeto* quando este não existe ou, nas circunstâncias em que se encontra, torna impossível a consumação. É o caso de quem alveja seu inimigo sem saber que já estava morto ou de ingestão de substância abortiva inexistindo gravidez. A impropriedade é apenas *relativa* se existindo e podendo ser atingido, ocasionalmente o objeto não se encontra onde poderia ser atacado (disparos feitos sobre o leito, tendo-se ausentado a vítima momentos antes). Há também impropriedade relativa quando um elemento acidental do objeto impede a lesão (objeto metálico que desvia o projétil).

O tema, dada a sua importância para o nosso estudo, voltará a ser abordado.

4. ALGUMAS CLASSIFICAÇÕES DOUTRINÁRIAS

Os estudiosos do Direito Penal o enriquecem amiudemente, com aprofundamento, com suas matizes intelectuais, atribuindo noções fundamentais para a sua exegese, tomando vulto a chamada "*classificação doutrinária dos crimes*", encaminhando o seu intérprete aos meandros desta bela ciência.

Dentre tantas classificações, encontramos aquela que leva em consideração o **resultado** do crime, com a seguinte exposição de Damásio Evangelista de Jesus (2003, p. 190):

> O resultado é comumente tomado em dois sentidos: naturalístico e normativo ou jurídico. De acordo com a concepção naturalística, o resultado é a modificação do mundo exterior causada pelo comportamento humano, sendo estranha a qualquer valor e excluindo qualquer apreciação normativa. Em face da concepção jurídica (ou normativa), o resultado se identifica com a ofensa ao interesse tutelado pela norma penal (afetação jurídica). Assim, para a teoria normativa não há crime sem resultado, pois todo delito produz dano ou perigo de dano a um bem jurídico que, ou é causado pela conduta ou coincide cronologicamente com ela. Então, tanto nos crimes denominados formais quanto nos materiais haveria sempre um resultado. Pelo contrário, para a teoria naturalística, há crime sem re-

sultado, pois, não obstante inexistir delito sem perigo ou dano ao interesse jurídico, há crimes cuja existência não depende da verificação de um acontecimento distinto da ação ou omissão.

Em face do exposto, há crimes:

a) de mera conduta (sem resultado naturalístico);

b) formais (de evento naturalístico cortado ou de consumação antecipada;

c) materiais (de resultado).

Cesar Dario Mariano da Silva (2003, p. 63) é enfático:

Crime de mera conduta: o tipo penal só descreve o comportamento do agente, contentando-se com a simples ação ou omissão, não exigindo a produção de qualquer resultado naturalístico. Exemplo: violação de domicílio, desobediência etc.

Buscamos, ainda, as orientações doutrinárias de Fernando Capez (2003, p. 242):

Crime formal: o tipo não exige a produção do resultado para a consumação do crime, embora seja possível a sua ocorrência. Assim, o resultado naturalístico, embora possível, é irrelevante para que a infração penal se consume. É o caso, por exemplo, da ameaça, em que o agente visa intimidar a vítima, mas essa intimidação é irrelevante para a consumação do crime, ou, ainda, da extorsão mediante sequestro, no qual o recebimento do resgate exigido é irrelevante para a plena realização do tipo. Nesses tipos, pode haver uma incongruência entre o fim visado pelo agente – respectivamente, a intimidação do ameaçado e o recebimento do resgate – e o resultado que o tipo exige. A lei exige menos do que a intenção do sujeito ativo (v. g., ele quer receber o resgate, mas o tipo se contenta com menos para a consumação da extorsão mediante sequestro). Por essa razão esses tipos são denominados *incongruentes*.

Com lastro na construção doutrinária, pinçamos a lição de Ney Moura Teles (2006, p. 229) que sintetiza:

Material ou **crime de resultado** é o crime cujo tipo legal de crime contém a descrição de uma conduta e de um resultado, e que somente se consuma com a produção do resultado. Homicídio, lesão corporal, aborto, furto, roubo, estelionato.

5. DECADÊNCIA E PRESCRIÇÃO

No mundo do direito, várias terminologias envolvendo **prazos** foram adotadas, dentre as quais encontramos principalmente a **decadência**, a **prescrição**, a **perempção**, a **preclusão**.

Fruto da complexidade de sua compreensão, inúmeras posturas são objeto de estudos da **decadência** e da **prescrição**, merecendo destacar o trabalho de Nelson Luiz Pinto (1984, p. 60-83) que, focando os institutos no âmbito civil, se presta a alicerçar os seus aspectos em outros campos do direito, bastando discerni-los, efetuando a seguinte abordagem:

> De tudo que foi dito, chegamos à conclusão de que diversas são as teorias a respeito da distinção entre prescrição e decadência, sendo algumas contraditórias entre si e outras convivem em harmonia, completando-se. Podemos resumir as teorias acima mencionadas em algumas principais, a saber:
>
> I – A prescrição atinge a ação, ou a pretensão processual, e a decadência o direito material.
>
> II – Tanto a prescrição quanto a decadência atingem o direito.
>
> III – A prescrição atinge o direito subjetivo material e a decadência a ação.
>
> IV – A prescrição atinge o negócio em si. A decadência atinge suas antecedentes lógico-jurídicas.
>
> V – A prescrição atinge direitos nascidos que não se efetivaram pela perda da ação. A decadência atinge direitos que, nascidos, não se efetivaram pelo não exercício.
>
> VI – A prescrição atinge direitos exercitáveis por meio de ações de natureza condenatória. A decadência atinge direitos exercitáveis por meio de ações de natureza constitutiva.
>
> VII – A prescrição decorre de fato estranho ao nascimento do direito. A decadência decorre de fato inerente ao nascimento do direito.
>
> VIII – A prescrição começa a fluir da data da lesão. A decadência começa a fluir da data do nascimento do direito.
>
> IX – Na prescrição, a inércia é o elemento mais relevante, na decadência, o correr do tempo.
>
> X – a prescrição liga-se a fins sociais. A decadência liga-se às vantagens privadas.

A matéria ora enfocada, por sua reiteração, é amplamente aplicada e difundida também nos *crimes fiscais* sem envolver a complexa matéria de fundo, não por sua dificuldade de compreensão, mas, por sua eficácia, que atinge os anseios do *contribuinte* ou do *sujeito passivo*.

Não poderíamos, portanto, deixá-la de tangenciá-la.

Resumidamente, portanto, a *decadência* alcança um direito *constitutivo*, e, em matéria tributária, o próprio lançamento,[1] enquanto a *prescrição decorre da extinção da pretensão fiscal em geral e, em matéria criminal, a pretensão punitiva ou executória, pela expiração, mercê do decurso de um determinado prazo.*

5.1. Decadência e a extinção da punibilidade

O Código Tributário Nacional, em seu art. 173, fixa o prazo de **5 (cinco) anos** para a Fazenda Pública exercer o seu **direito** a **constituir o crédito tributário**.

Ora, se a Fazenda Pública, por sua autoridade fiscal, compete constituir o crédito tributário, como apregoa o art. 142, decorrido este lapso temporal, não mais existe o próprio **tributo**, o qual, como vimos, constitui uma **elementar** do **tipo**.

Ausente este elemento do tipo, vulnerada está a própria figura típica, deixando, assim, de existir o crime fiscal.

5.2. Prescrição da Pretensão Punitiva

5.2.1. Dos prazos prescricionais

Duas são as formas de encararmos os prazos prescricionais, cujos lapsos temporais estão contidos no art. 109 do Código Penal:

I – em vinte anos, se o máximo da pena é superior a doze;

---

1. Código Tributário Nacional: **Art. 142**. Compete privativamente à autoridade administrativa **constituir** o crédito tributário pelo lançamento, assim entendido o procedimento administrativo tendente a verificar a ocorrência do fato gerador da obrigação correspondente, determinar a matéria tributável, **calcular o montante do tributo devido**, identificar o sujeito passivo e, sendo o caso, propor a aplicação da penalidade cabível.

II – em dezesseis anos, se o máximo da pena é superior a oito anos e não excede a doze;

III – em doze anos, se o máximo da pena é superior a quatro anos e não excede a oito;

IV – em oito anos, se o máximo da pena é superior a dois anos e não excede a quatro;

V – em quatro anos, se o máximo da pena é igual a um ano ou, sendo superior, não excede a dois;

VI – em três anos, se o máximo da pena é inferior a um ano.[2]

Abstratamente, levando em consideração o máximo da pena prevista, basta cotejar este máximo com as disposições apresentadas anteriormente para sabermos o prazo, e, posteriormente, com a pena cominada na sentença, basta hospedá-la em sua previsão, como veremos a seguir.

5.2.2. Contagem dos prazos: Interrupções

O Código Penal, em seu art. 117, erige critérios para a *contagem* dos prazos prescricionais, fixando momentos em que operam a suas interrupções, para, a partir deles, começarem a fluir novamente. Vejamos as suas interrupções:

I – pelo recebimento da denúncia ou da queixa;

II – pela pronúncia;

III – pela decisão confirmatória da pronúncia;

IV – pela publicação da sentença ou acórdão condenatórios recorríveis;[3]

V – pelo início ou continuação do cumprimento da pena;

VI – pela reincidência.

---

2. A redação deste inciso decorre da Lei nº 12.234, de 5.5.2010. O dispositivo anterior – aplicável aos fatos ocorridos até 4.5.2010, fruto da *irretroatividade* de Lei nova – *novatio legis in pejus* [art. 5º, inciso XL, da CF] – estava assim redigido: *"VI – em 2 (dois) anos se o máximo da pena é inferior a 1 (um) ano"*.
3. A redação deste inciso decorre da Lei nº 11.596, de 29.11.2007. O dispositivo anterior – aplicável aos fatos ocorridos até 29.11.2007, fruto da *irretroatividade* de Lei nova – *novatio legis in pejus* [art. 5º, inciso XL, da CF] – adotava a *data da sentença proferida* e não a sua *publicação*, entendimento que poderia ser aplicado, também, aos acórdãos recorríveis, assim redigido: *"IV – pela sentença condenatória recorrível"*.

Na prática, com maior incidência, encontramos a chamada **prescrição retroativa**, em que, proferida a *sentença condenatória* e nela sendo fixada a constrição, passa a ser regulado o prazo da extinção da punibilidade pela pena – contada da data do recebimento da denúncia até a data em que foi proferida a sentença ou o acórdão, se aquela foi uma sentença absolutória.

A pena fixada na sentença, como afirmamos, migra de inciso, passando a partir de então, a ser regulada pelo novo prazo, *retroagindo* até a data do recebimento da denúncia ou queixa.

A justificativa desta medida é exposta no trabalho de Arruda Alvim (2005, p. 27-56), que aborda o sucedâneo civil – prescrição intercorrente – lembrando-nos de suas inesquecíveis aulas na Faculdade de Direito de Bauru:

> A chamada prescrição intercorrente é aquela relacionada com o desaparecimento da proteção *ativa*, no curso do processo, ao *possível* direito material postulado, expressado na pretensão deduzida; quer dizer: á aquela que se verifica pela inércia continuada e ininterrupta no curso do processo por segmento temporal superior àquele em que ocorre a prescrição em dada hipótese. Verifica-se que *com o andamento normal do processo não pode ocorrer a prescrição...*

Recebida a denúncia ou a queixa, independentemente da sentença condenatória, poder-se-á reconhecer a prescrição pelo máximo da pena, *abstratamente* prevista para a infração.

Logo adiante elucidaremos de forma exemplificada.

A contagem do prazo de prescrição se dá em duas situações, tendo como balizamento a sentença penal, quer condenatória quer absolutória, conforme veremos a seguir.

5.2.3. Antes do trânsito em julgado: Máximo da pena prevista

As previsões de cominações contidas no Código Penal e sua legislação extravagante, fixam uma *pena mínima* variando até outra, considerada a *pena máxima*.

Assim sendo, a previsão da pena do homicídio simples varia entre 6 e 20 anos [onde 6 é a pena mínima, conquanto 20 é a máxima]; no furto simples (art. 155) a pena varia entre 1 e 4 anos; no estelionato (art. 171) ela está fixada entre 1 e 5 anos; para os crimes fiscais (art. 1º, da Lei nº 8.137/1990) a previsão é de 2 e 5 anos, aquela a pena mínima, esta a máxima.

Nesta modalidade está estampada no art. 109 do Código Penal:

Art. 109. A prescrição, antes de transitar em julgado a sentença final, salvo o disposto no § 1º do art. 110 deste Código, **regula-se pelo máximo da pena** privativa de liberdade cominada ao crime.

Este *máximo da pena*, como aborda a jurisprudência e a doutrina, leva em consideração a pena *in abstrato* (STF – *RT* 720/560).

Imaginemos, por exemplo, que Mévio comete um *furto simples* [pena: de 1 a 4 anos], em 1º.4.2010, e a denúncia é recebida[4] em 20.6.2010, antes de ser proferida decisão definitiva, a prescrição terá como baliza a pena *máxima*, de 4 anos [esta pena não poderá ser superior a tal parâmetro], logo, ela deve ser amoldada nas hipóteses descritas no art. 109 do Código Penal, onde constatamos que, levando em consideração o máximo da pena prevista para a infração, a *prescrição*, antes da sentença transitada em julgado será de **8 anos** – art. 109, inciso IV [se o máximo da pena for superior a 2 (dois) e não excede 4 (quatro) anos].

No exemplo enfocado, se até 19.6.2018 não for proferida uma sentença condenatória, a **pretensão punitiva** estará **extinta** pela **prescrição**. Bastaria um simples requerimento dirigido ao Juiz, expondo a fluência do prazo prescricional e pleiteando o reconhecimento da **extinção da pretensão punitiva**.

Outro exemplo: Tício, em 15.5.2005, inseriu elemento inexato em sua documentação contábil, e, por este ardil, conseguiu *suprimir* ou *reduzir* o montante do tributo devido, cometendo, em tese, um *crime contra a ordem tributária*, previsto no art. 1º, inciso II, da Lei nº 8.137/1990, cuja pena varia entre 2 (dois) e 5 (cinco) anos, e, oferecida a denúncia, foi recebida em 23.4.2006.

---

4. Diz o art. 117, inciso I, do CP, que o recebimento da denúncia interrompe a prescrição.

Inicialmente, portanto, a contagem do prazo prescricional se dá levando em consideração a pena de 5 (cinco) anos – máxima prevista; logo, estaria a pretensão pautada em 12 anos – art. 109, inciso III, do CP, fluindo, portanto, até 22.4.2018 [data do recebimento da denúncia: 23.4.2006].

Assim, se até 22.4.2018 não for proferida a decisão condenatória, com o julgamento da ação penal, e, em face da pena imposta, a pretensão estaria ceifada pela espada de Dâmocles, com o advento da **prescrição da pretensão punitiva** com a **extinção da punibilidade**.

Da mesma forma, bastaria um simples requerimento dirigido ao próprio órgão julgador – Juiz ou Tribunal – expondo a fluência do prazo prescricional –, pleiteando o reconhecimento da **extinção da pretensão punitiva**.

É possível, ainda, que tenha sido decretada a **prisão preventiva** do acusado, cabendo ao Juiz que a decretou expedir a carta de guia provisória,[5] para que seja ela cumprida pelo Juiz das Execuções Criminais.

Nestas hipóteses, expedida a *carta de guia* provisória, a competência para reconhecer a prescrição é do Juiz da Vara das Execuções Penais, como prevê o art. 66, inciso II, da Lei nº 7.210/1984, que trata das Execuções Penais, nada impedindo, contudo, que o próprio Juiz da causa a reconheça, até por economia processual.

5.2.4. Depois do trânsito em julgado: Pena contida na sentença (decisão)

Ao ser proferida uma *decisão* [sentença ou acórdão], a pena deixa o seu campo *abstrato*, para que, fruto de sua fixação *concreta*, vindo esta a regrar, nos mesmos prazos do art. 109 do Código Penal, a contagem do prazo prescricional.

A previsão está contida no art. 110[6] do Código Penal.

---

5. Execução provisória: art. 2º, parágrafo único, da Lei nº 7.210/1984.
6. Art. 110. A prescrição depois de transitar em julgado a sentença condenatória regula-se pela pena aplicada e verifica-se nos prazos fixados no artigo anterior, os quais se aumentam de um terço, se o condenado é reincidente.

Vejamos a imaginária exemplificação anterior, em que Mévio cometera um *furto simples* [pena: de 1 a 4 anos], em 1º.4.2010, e, a denúncia é recebida[7] em 20.6.2010, antes de ser proferida a decisão definitiva. A prescrição terá como baliza a pena *máxima*, de *4* anos [esta pena não poderá ser superior a tal parâmetro], logo, ela deve ser amoldada nas hipóteses descritas no art. 109 do CP, onde constatamos que, levando em consideração o máximo da pena prevista para a infração, a *prescrição*, antes da sentença transitada em julgado, será de **8 (oito) anos** – art. 109, inciso IV [se o máximo da pena for superior a 2 (dois) e não excede a 4 (quatro) anos]. Esta hipótese permitiria a fixação de sua condenação até 19.6.2018; porém, se ele é condenado, em sentença transitada em julgado, proferida em 10.8.2014, fixada a sua constrição em 1 (um) ano, a prescrição passa a ter novo endereço, face a pena imposta – art. 109, inciso VI – operando a extinção da punibilidade, agora, em **4 (quatro) anos**.

Como a denúncia foi recebida em 20.6.2010, a imposição de condenação em 1 (um) ano, esta só poderia ocorrer até 19.6.2014, contudo, como foi proferida em 10.8.2014, estaria ela prescrita, devendo aguardar-se o trânsito em julgado para a Acusação endereçando um simples pedido de reconhecimento da extinção da punibilidade.

Explica-se a razão de se aguardar o *trânsito em julgado*, pois, o representante do Ministério Público poderá recorrer com o objetivo de exacerbar a pena, refletindo, assim, no reconhecimento do prazo de prescrição.

Na prática, esta explicação sugere que o advogado aguarde operar a *res judicata*, a ser certificada nos autos, para, somente após esta providência requeira a benesse; caso contrário, agindo de forma açodada, pode alertar o representante do Ministério Público, vindo a recorrer com o objetivo de aumentar a pena, evitando a ocorrência da prescrição.

No outro exemplo, em que Tício, em 15.5.2005, inseriu elemento inexato em sua documentação contábil, e, por este ardil, conseguindo *suprimir* ou *reduzir* o montante do tributo devido, cometeu, em tese, um *crime contra a ordem tributária*, previsto no art. 1º, inciso II, da Lei nº 8.137/1990, cuja pena varia entre 2 (dois) e 5 (cinco) anos, e oferecida a denúncia foi recebida em 23.4.2006.

---

7. O art. 117, inciso I, do CP, diz que o recebimento da denúncia interrompe a prescrição.

Inicialmente, portanto, a contagem do prazo prescricional se dá levando em consideração a pena de 5 (cinco) anos – máxima prevista; logo, estaria a pretensão pautada em 12 anos – art. 109, inciso III do CP, fluindo, portanto, até 22.4.2018 [data do recebimento da denúncia: 23.4.2006].

Ao ser proferida a condenação, fixa-se a sua sanção em 3 anos de reclusão, por sentença proferida em 28.10.2010, porém, o termo prescricional migra para o art. 109, inciso VI do CP passando a regê-lo o lapso de 4 anos, contados da data do recebimento da denúncia [23.4.2006], balizando o ato condenatório em até 22.4.2010, porém, como a sentença foi proferida em 28.10.2010, está extinta a punibilidade do acusado, após o seu trânsito em julgado e a pretensão estaria ceifada pela espada de *Dâmocles*, com o advento da **prescrição da pretensão punitiva** com a **extinção da punibilidade**.

5.2.5. *Natureza jurídica*

É cediço perante a construção Pretoriana que, uma vez reconhecida a prescrição da pretensão punitiva, não se cogita a apreciação da matéria de fundo, portanto, do mérito.

Isto porque estamos frente à extinção de uma **pretensão punitiva**, a qual, como já examinamos anteriormente, na lição de Nelson Luiz Pinto, uma vez reconhecida, ela "atinge a ação", portanto, deixa de existir a ação, e, como tal, se não existe ação não há crime.

Neste aspecto, encontramos o entendimento emanado do extinto Tribunal de Alçada Criminal de São Paulo, no Acórdão em que o Juiz Roberto Martins abusou de seu buril para focar:

> O problema da prescrição encontra-se no vestíbulo da ação cognitiva; e, quando verificada, impossibilita a pesquisa do mérito e de eventuais vícios procedimentais. (*JUTACrimSP* 59/105)

Reforçando a postura, o Egrégio Tribunal de Justiça de São Paulo, em V. Aresto da lavra do Des. Gentil Leite:

> Julgada extinta a punibilidade em face da prescrição da pretensão punitiva, não se pode mais discutir sobre o mérito. (*RT* 689/332)

Destarte, inexistindo a pretensão punitiva, não há que se falar em ação, e a natureza jurídica desta medida, ceifada do mundo jurídico, é reconhecer a inexistência de crime pela ausência da própria ação penal.

Assim, portanto, a *extinção da punibilidade, pela prescrição da pretensão punitiva*, eis que, inexistindo ação é como se passasse uma borracha naquela medida, retira todos os efeitos da sentença condenatória, elimina o nome do réu do rol dos culpados – permanecendo primário –, não suporta o pagamento das custas processuais.

5.3. Prescrição da pretensão executória

Toda a matéria vista anteriormente atinge a própria ação penal, a qual deixa de existir.

Entretanto, sobrevindo uma sentença condenatória, operada a *coisa julgada*, sem que ela não tenha sido atingida pelo manto da prescrição, surge para o Estado um título a ser cumprido pelo *sentenciado*.

Este título, em face da pena imposta na sentença, submete-se ao prazo prescricional, balizado na quantidade da pena contida na sentença, amoldado pelo art. 109 do Código Penal, agora denominado sob a égide da *pretensão executória*.

Imaginemos que Mévio foi processado por furto simples e condenado por sentença que lhe aplicou a reprimenda de 1 ano e 6 meses de reclusão, substituída por prestação de serviços à comunidade, e, com o inconformismo da Acusação, interpondo o recurso de apelação, face aos péssimos antecedentes do sentenciado, inclusive com a prática de crimes da mesma natureza, praticados no curso da referida ação penal, objetivando a majoração da pena privativa de liberdade e a revogação da pena substitutiva para seu cumprimento carcerário, tendo o Egrégio Tribunal de Justiça julgado procedente o recurso e fixando a pena privativa de liberdade em 2 (dois) anos de reclusão, a ser cumprida em regime fechado, determinando a expedição do mandado de prisão, após o trânsito em julgado do Acórdão, que ocorreu em 15.5.2005.

A pena de 2 (dois) anos fixada, passa a balizar a prescrição executória, que flui em 4 anos – art. 109, inciso V, do CP: *"em 4 (quatro) anos, se o máximo da pena é igual a 1 (um) ano, ou, sendo superior, não excede a 2 (dois)*" – a partir do trânsito em julgado daquela acórdão, ocorrido em 15.5.2005, operada a prescrição da pretensão executória em 14.5.2009, bastando, para tanto, o requerimento dirigido ao Juiz da causa – ver a seguir [tópico 5.4.1] – a fim de reconhecer a fluência da prescrição da pretensão executória, e determine a expedição do contramandado de prisão, com o entranhamento do mandado de prisão expedido, além de ser entregue uma cópia do contramandado ao acusado, para evitar eventuais dissabores.

Pode ser que, não cumprido o título condenatório, ocorra a sua prescrição, mas esta alcança, tão somente, a *pretensão executória*, isto é, de cumprir a pena privativa de liberdade contida na sentença, contudo, permanecem os demais efeitos da sentença condenatória – nome no rol dos culpados, perda da primariedade, pagamento das custas processuais, dentre outras.

5.4. Questões processuais

5.4.1. Juiz competente

5.4.1.1. Pena privativa de liberdade

Per fas et nefas, o acusado pode, durante a instrução criminal, estar preso, ou pelo auto de prisão em flagrante ou pela prisão preventiva, implicando a expedição da *carta de guia provisória* para o cumprimento da prisão, além de ser apreciado os pedidos inerentes à própria execução penal que, mesmo provisória, aplica-se ao presente, como determina o parágrafo único do art. 2º da Lei de Execução Penal [Lei nº 7.210/1984].

Estando o réu solto, proferida uma sentença *condenatória*, operando a *res judicata*, deverá ser cumprida a decisão, e, se for o caso, decretada a sua prisão.

Torna-se relevante efetuarmos uma abordagem: o Juiz proferiu a sentença condenatória, ou tramitou o feito. Se o réu for condenado na Superior Instância, esta lhe comunicará sua decisão, determinando, se for o caso, a expedição do mandado e ficando ele vinculado ao feito, até a prisão do *sentenciado*, devendo, após o seu cumprimento, promover a expedição da **carta de guia**, como se vê do seguinte trecho: "*transitando em julgado a sentença que impuser pena privativa de liberdade, se o réu já estiver preso, ou vier a ser preso, o juiz ordenará a expedição de* **carta de guia** *para o cumprimento da pena*", regra contida no *caput* do art. 674 do Código de Processo Penal.

Enquanto o sentenciado não for preso caberá ao Juiz da causa apreciar e julgar todos os pedidos inerentes à execução penal.

5.4.1.2. Outras penalidades

O art. 32 do Código Penal prevê, ao lado da *pena privativa de liberdade*, a **pena restritiva de direito** e a pena de multa.

Aliás, a pena de multa é aplicada, muitas vezes, de forma cumulativa – quando a norma, ao lado da pena privativa de liberdade, prevê a sua aplicação, como se vê do art. 1º da Lei nº 8.137/1990 –, porém, em outras infrações, ela é aplicada de forma a substituir a pena privativa de liberdade, atendendo a regra encartada no art. 60 do CP.

Aplicada a pena de multa, com o trânsito em julgado da sentença, caberá ao Juiz das Execuções Penais, quando ela for aplicada cumulativamente à pena privativa de liberdade; caso contrário, ao próprio Juiz da sentença.

Por outro lado, a **pena restritiva de direito**, é aplicada ao acusado (art. 44 do CP, com a redação dada pela Lei nº 9.714/1998), quando:

I – aplicada pena privativa de liberdade não superior a 4 (quatro) anos e o crime não for cometido com violência ou grave ameaça à pessoa ou, qualquer que seja a pena aplicada, se o crime for culposo;

II – o réu não for reincidente em crime doloso;

III – a culpabilidade, os antecedentes, a conduta social e a personalidade do condenado, bem como os motivos e as circunstâncias indicarem que essa substituição seja suficiente.

Verificando o Juiz que o acusado se amolda às condições apresentadas, ele aplica a pena, porém a substitui por uma pena *alternativa*, como descreve o art. 43 do Código Penal (com a redação dada pela Lei nº 9.714/1998), desdobrando-se nas seguintes modalidades:

I – prestação pecuniária;

II – perda de bens e valores;

III – (vetado);

IV – prestação de serviço à comunidade ou a entidades públicas;

V – interdição temporária de direitos;

VI – limitação de fim de semana.

A Lei nº 7.210/1984, que trata da Execução Penal, permite a criação de *Patronatos*, com as finalidades contidas em seus arts. 78 e 79, orientar os condenados à pena restritiva de direitos como fiscalizar o seu cumprimento, dentre outras.

Na hipótese de tornar cabível a aplicação da pena alternativa, não admitida pelo Juiz, a parte poderá recorrer, também, por este gravame, além, é certo, da matéria de fundo.

5.4.2. *Exasperação da pena e a prescrição*

Há casos, porém, que o Magistrado eleva a pena privativa de liberdade, sem que, para tanto, fundamente a sua convicção – conforme a obrigatoriedade contida no art. 93, inciso IX, da Constituição Federal, quando presentes todos os requisitos para a fixação da constrição no mínimo legal, não restando outra opção para que se creia na sua fixação com o objetivo, exatamente, de evitar a prescrição, caso fosse determinada a pena cabível, ensejando a interposição do competente recurso, esgrimando esta postura e, até mesmo, o próprio mérito deduzido na ação.

Inicialmente, convém lembrar o contido no voto da Ministra Laurita Vaz:

> As decisões judiciais, notadamente aquelas que importem restrições à liberdade dos cidadãos, devem ser fundamentadas, sob pena de nulidade (CF, art. 93, IX). Hipótese em que a pena base foi fixada acima do mínimo legal sem fundamentação adequada. Nulidade que se reconhece. (STJ – 5ª T. – HC 13 851, j. em 15.5.2003 – *DJU* de 23.6.2003) (FRANCO; STOCO, 1977, p. 1.034)

5.4.3. Exceções à regra

O disposto no art. 109 do Código Penal, fixa os prazos prescricionais, o qual devemos entender como sendo a regra, embora surjam algumas exceções, passíveis de influenciar sobre os mesmos, merecendo apreciação.

5.4.3.1. Pena de multa

Fixada a pena de multa, quando sua aplicação for a única cominada ou aplicada, deve-se considerar que a sua prescrição dar-se-á em 2 (**dois**) **anos**, como determina o inciso I do art. 114 do Código Penal; porém, o inciso II, determina que se obedecerá o mesmo prazo estabelecido para a prescrição da pena privativa de liberdade, quando a multa for alternativa ou cumulativamente cominada ou aplicada.

A própria Lei nº 8.137/1990, que trata dos *crimes contra a ordem tributária*, prevê a imposição da pena de multa, assim estipulando:

> **Art. 8º.** Nos crimes definidos nos arts. 1º a 3º desta Lei, a pena de multa será fixada entre 10 (dez) e 360 (trezentos e sessenta) dias-multa, conforme seja necessário e suficiente para a reprovação e prevenção do crime.
>
> Parágrafo único. O dia-multa será fixado pelo juiz em valor não inferior a 14 (quatorze) nem superior a 200 (duzentos) Bônus do Tesouro Nacional – BTN.[8]
>
> **Art. 9º.** A pena de detenção e de reclusão poderá ser convertida em multa de valor equivalente a:
>
> I – 200.000 (duzentos mil) até 5.000.000 (cinco milhões) de BTN, nos crimes definidos no art. 4º;
>
> II – 5.000 (cinco mil) até 200.000 (duzentos mil) BTN, nos crimes definidos nos arts. 5º e 6º;
>
> III – 50.000 (cinquenta mil) até 1.000.000 (um milhão) de BTN, nos crimes definidos no art. 7º.

---

8. O valor do BTN está fixada, para o mês de setembro de 2013, em R$ 1,5706, conforme o Sistema do Tesouro Nacional da Secretaria do Tesouro Nacional.

Art. 10. Caso o juiz, considerando o ganho ilícito e a situação econômica do réu, verifique a insuficiência ou excessiva onerosidade das penas pecuniárias previstas nesta lei, poderá diminuí-las até a 10ª (décima) parte ou elevá-las ao décuplo.

Esta situação só se tornará palpável a partir da sentença transitada em julgado que condene o acusado à pena de multa, cujo termo inicial poderá ser a data do recebimento da denúncia, ou, como vimos, se o fato ocorreu em data anterior ao do recebimento da denúncia ou queixa, apesar da redação do § 1º do art. 110 dada pela Lei nº 12.234, de 5 de maio de 2010, que adotou a seguinte redação:

§ 1º. A prescrição, depois da sentença condenatória com trânsito em julgado para a acusação ou depois de improvido o seu recurso, regula-se pela pena aplicada, não podendo, em nenhuma hipótese ter por termo inicial data anterior à da denúncia ou queixa.[9]

5.4.3.2. Réu menor de 21 anos ou maior de 70 anos de idade

Os prazos prescricionais, contados conforme as regras expostas anteriormente, serão reduzidos pela metade, como dispõe o art. 115 do Código Penal:

Art. 115. São reduzidos de metade os prazos de prescrição quando o criminoso era, ao tempo do crime, menor de 21 (vinte e um) anos, ou, na data da sentença, maior de 70 (setenta) anos.

No imaginário crime cometido por Mévio, um *furto simples* [com a pena de 1 a 4 anos], datado de 1º.4.2010, quando a denúncia é recebida,[10] em 20.6.2010, antes de ser proferida a decisão definitiva, a prescrição terá como baliza a pena *máxima*, de 4 anos [esta pena não poderá ser

---

9. Antes da reforma advinda da Lei nº 12.234/2010, a matéria estava assim regrada, no art. 110, do Código Penal, a qual aplica-se aos fatos pretéritos, isto é ocorridos antes de 5 de maio de 2010, fruto do dogma *tempus regit actum*, ferindo, ainda, o dogma emanado do art. 5º, inciso XL, da CF, da irretroatividade de lei nova, com a seguinte redação: "§ *1º. A prescrição, depois da sentença condenatória com trânsito em julgado para a acusação, ou depois de improvido seu recurso, regula-se pela pena aplicada. § 2º. A prescrição, de que trata o parágrafo anterior, pode ter por termo inicial data anterior à do recebimento da denúncia ou da queixa.*".
10. Diz o art. 117, inciso I, do CP, que o recebimento da denúncia interrompe a prescrição.

superior a tal parâmetro], logo, ela deve ser amoldada nas hipóteses descritas no art. 109 do CP, onde constatamos que, levando em consideração o máximo da pena prevista para a infração, a *prescrição* antes da sentença transitada em julgado, será de **8 anos** – inciso IV [se o máximo da pena for superior a 2 (dois) e não excede 4 (quatro) anos]; contudo, ao ser proferida a sentença, é fixada em 1 (um) ano, passando a ter novo enquadramento no art. 109, deslocando-se, agora, para o inciso V, operando a prescrição em 4 (quatro) anos; mas, se Mévio for **menor** de 21 anos na data do fato, ou maior de 70, quando da sentença, este lapso será reduzido pela metade, logo, a contagem do prazo prescricional será de 2 (dois) anos da data do recebimento da denúncia.

5.4.3.3. Crime continuado

A continuidade delitiva está descrita no caput do art. 71 do Código Penal, em que "o agente, mediante mais de uma ação ou omissão, pratica dois ou mais crimes da mesma espécie e, pelas condições de tempo, lugar, maneira de execução e outras semelhantes, devem os subsequentes ser havidos como continuação do primeiro, aplica-se-lhe a pena de um só dos crimes, se idênticas, ou a mais grave, se diversas, aumentando, em qualquer caso, de um sexto a dois terços".

São praticadas, portanto, diversas ações, representando, cada uma, a prática de diversas infrações, contudo, há uma pena *base*, que será acrescida pelas outras condutas típicas.

Só que, para os efeitos da prescrição, o seu lastro será a *pena base* fixada, sem considerar o **acréscimo** da continuidade delitiva, como apregoa o Supremo Tribunal Federal:

> Súmula 497. Quando se tratar de crime continuado, a prescrição regula-se pela pena imposta na sentença, não se computando o acréscimo decorrente da continuação.

Mévio, a partir de 30.5.2004, passou a *alterar nota fiscal de venda de mercadoria* por um valor inferior ao montante da venda, integrando sua contabilidade, cujo expediente foi utilizado durante vários meses, cessando em 31.8.2009, quando seu estabelecimento foi objeto de uma fiscalização estadual. Em tese, praticou 64 infrações penais; foi oferecida a denúncia por infração ao art. 1º, inciso III, da Lei nº 8.137/1990, combinado com o *caput* do art. 71 do Código Penal, e o Juiz, ao recebeu a denúncia em 15.9.2010, proferiu a sentença condenatória, publicada em 15.12.2012, e, em face do método *trifásico da sentença*[11] fixou a pena base de 2 anos, elevando-a em 2/3, resultando na pena final de 3 anos e 4 meses.

Frise-se: se o juiz, ao proferir a sentença, não adotar o método *trifásico* na fixação da reprimenda, fixando-a, simplesmente, como no caso anterior, em *3 anos e 4 meses*, não distinguindo os gravames, causa, portanto, um prejuízo para o acusado, devendo, então, interpor os competentes "*embargos de declaração*" – art. 382 do Código de Processo Penal –, para que o juiz declare a *obscuridade* e a *omissão*, e, enquanto não for esclarecido, não flui qualquer prazo recursal.

Aclarada a matéria suscitada, admitir-se-á o mero pedido de reconhecimento da extinção da punibilidade pela prescrição; contudo, mantida a sentença, poder-se-á interpor o recurso de apelação, ou, até mesmo, o *habeas corpus*.

Para os efeitos de prescrição, portanto, o acréscimo não é levado em consideração, adotando-se o parâmetro de 2 anos [pena base] para a incidência do prazo prescricional, o qual, nos moldes do art. 109, inciso V, do CP, é de **4 anos** ["*em 4 (quatro) anos, se o máximo da pena é igual a 1 (um) ano ou, sendo superior, não excede a 2 (dois) anos*"], estando prescrita a pretensão punitiva pela extinção da punibilidade em decurso do prazo – contados da data do fato [30.5.2004] até o recebimento da denúncia [15.9.2010] decorreu lapso temporal superior a 4 anos –,

---

11. O processo de individualização da pena, de previsão constitucional, tem o seu rigoroso disciplinamento no art. 59 do CP, que se completa com as disposições do art. 68 do mesmo estatuto, que preconiza o sistema trifásico: (a) é fixada, na primeira fase, a pena base, atendidas as circunstâncias judiciais, no *quantum* necessário e suficiente para a reprovação e prevenção do crime; (b) em sequência, são consideradas as circunstâncias legais que agravam ou atenuam a pena, inscritas nos arts. 61 e 65 do CP; e (c) por último incidem e completam o processo de dosimetria as causas de diminuição ou de aumento classicamente conhecidas por circunstâncias majorantes ou minorantes, fixadas em níveis percentuais. É nula a sentença que, inobservando tais preceitos, fixa a pena por roubo em grau acima do mínimo e faz incidir circunstâncias, num processo único, sem decantar as fases, nem explicitar os motivos para a exasperação da reprimenda. *Habeas corpus* concedido. (STF – Rel. Min. Vicente Leal) (FRANCO; STOCO, 1977)

operando a prescrição nos moldes do art. 110, § 2º, do Código Penal, em sua redação primitiva, não aplicada a lei nova por ser-lhe prejudicial [art. 5º, inciso XL, da CF].

5.4.3.4. Reconhecimento pelo juiz na sentença

O Juiz, ao proferir a sentença condenatória, visualiza a ocorrência da *prescrição in concreto*, contudo, ele não pode reconhecê-la naquele momento.

A razão é simples. Para o reconhecimento da prescrição, fixada a pena na sentença, o requisito é que opere a *res judicata* para a Acusação, sem a qual não se pode aplicá-la.

6. PRESCRIÇÃO VIRTUAL

Julio Fabbrini Mirabete (2003, p. 722), descreve o *neologismo jurídico* apresentando as posturas de nossos Tribunais:

> Com fundamento na falta de interesse de agir e para evitar desgaste do prestígio da Justiça Pública, também se tem afirmado que a prescrição referida no art. 110, §§ 1º e 2º, pode ser reconhecida antecipadamente considerada a pena virtual, em perspectiva, tendo em vista as circunstâncias do caso concreto em que se antevê uma pena que certamente levaria à prescrição. Entretanto, nossos tribunais, entendendo que não é possível falar-se em prescrição com fundamento em pena aplicada por simples presunção, quando ainda não há sentença, não têm admitido tal interpretação.

Alguns entendimentos que não admitem a aplicação:

> Não pode o juiz reconhecer a prescrição retroativa antes da condenação com base na pena a ser hipoteticamente fixada, com fundamento na aplicação analógica do art. 267, VI, do CPC a título de agilização da Justiça, sob pena de ofensa aos princípios constitucionais de ampla defesa e da presunção de inocência. A interpretação analógica prevista no art. 3º do CPP não tem o alcance de permitir a inserção no Direito Processual Penal de fórmulas completamente estranhas. (*RT* 667/328)

Em julgamento recente, encontramos:

Para sustentar a extinção da punibilidade pela ocorrência da prescrição, a decisão recorrida baseou-se na projeção da pena que seria imposta ao recorrido em eventual caso de condenação. Mas, entre nós a chamada prescrição virtual ou prescrição antecipada não tem base legal para ser aplicada, como está pacificado na jurisprudência dos nossos Tribunais, com o aval da Suprema Corte (www.stf.jus.br): *"O Plenário desta Suprema Corte na Repercussão Geral por Questão de Ordem no RE nº 602.527/RS, de Relatoria do Ministro Cezar Peluso (DJe de 18.12.2009), reafirmou a jurisprudência no sentido da impossibilidade de aplicação da chamada prescrição antecipada ou em perspectiva por ausência de previsão legal."* (HC 99.035/RS, Rel. Min. Dias Toffoli, 1ª Turma, j. em 5.10.2010). [Acórdão proferido no RESE nº 0469987-15.2010.8.26.0000, pela C. 2ª Câmara Criminal, do Egrégio Tribunal de Justiça do Estado de São Paulo, em 17.12.2012, Rel. Des. Pires Neto]

Em sentido contrário, porém, encontramos:

Em se tratando de réu incontroversamente primário, é admissível o reconhecimento da prescrição retroativa, antes de proferida a sentença, com fundamento no fato de que a pena eventualmente aplicada não atingiria o máximo legalmente previsto para o delito. – A prescrição antecipada tem amparo no sistema penal brasileiro e, portanto, é possível o reconhecimento da prescrição retroativa, antes de proferida a sentença, se as circunstâncias judiciais subjetivas e objetivas mostram-se, desde logo, favoráveis ao acusado, fazendo com que a fixação da pena permaneça no mínimo legal caso sobrevenha decreto condenatório, sendo certo que, em tal hipótese, deve ser reconhecida a falta de interesse de agir, condição da ação penal. (*RJTACrimSP* 39/278)

Novo avanço em recente julgamento:

E, como decidido por esta C. Câmara, nos autos do Recurso em Sentido Estrito nº 990.09.268446-9, no qual foi designado como relator o I. Desembargador Sousa Nucci: "Temos que o interesse processual é formado pelos elementos *necessidade, adequação e utilidade*. No caso em apreço, porém, a falta do elemento *utilidade* é patente, uma vez que a pretensão do órgão acusatório, em caso de provimento, não alcançará qualquer efeito prático, senão o desprestígio do sistema penal" (j. em 24.8.2010). [Acórdão proferido no RESE nº 0005579-46.2006.8.26.0477, pela C. 16ª Câmara Criminal do Egrégio Tribunal de Justiça do Estado de São Paulo, em 11.12.2012, Rel. Des. Alberto Maris de Oliveira]

Nada impede o reconhecimento da prescrição virtual, até mesmo por força do disposto no art. 397, inciso IV, do Código de Processo Penal, acrescido pela Lei nº 11.719, de 20 de junho de 2008.

III

DIREITO TRIBUTÁRIO

1. NOÇÃO DE TRIBUTO

Convém relembrarmos, para a exata compreensão da matéria, que a noção do **tributo** está contida no art. 3º do Código Tributário Nacional, para quem o:

> **Art. 3º.** Tributo é toda prestação pecuniária compulsória, em moeda ou cujo valor nela se possa exprimir, que não constitua sanção por ato ilícito, instituída em lei e cobrada mediante atividade administrativa plenamente vinculada.

A partir desta noção, podemos afirmar que o **tributo** surge de uma relação jurídica, inicialmente voluntária, em que o sujeito pratica um ato ou um fato eleito pela lei para receber a incidência de um gravame, ocasionando o surgimento de uma **obrigação** – prestação pecuniária compulsória. Tal circunstância implica sua exigência coercitiva, portanto, não volitiva. Ressalta-se ainda que a atividade da Administração Pública, não só para determinar o seu montante como também a sua cobrança, decorre de condutas atreladas à norma de comportamento daquela exigência, a ela se vinculando, nos limites da Lei.

O próprio Código impõe, ainda, que a exigência do tributo não pode recair em *sanção por ato ilícito*, por exemplo, a lei não pode impor ao *comércio ilícito de substância entorpecente*, que proporcione a incidência de um gravame tributário, mercê de que ele recairia como uma *sanção* pelo ilícito.

2. ESPÉCIES DE TRIBUTO

A expressão **tributo** representa o *gênero*, cujas espécies, tradicionalmente, são conhecidas como: **impostos, taxas** e **contribuições de melhorias**.

Os *impostos* são exações "cuja obrigação tem por fato gerador uma situação independente de qualquer atividade específica, relativa ao contribuinte" – art. 16, do Código Tributário Nacional; assim, adotado este gravame, inexiste uma atividade específica a ser prestada pelo sujeito ativo em relação ao contribuinte.

As *taxas*, por outro lado, são instituídas "em razão do exercício do poder de polícia ou pela utilização, efetiva ou potencial, de serviços públicos específicos e divisíveis, prestados ao contribuinte ou postos a sua disposição" – art. 145, inciso II, da Constituição Federal.

A cobrança da *contribuição de melhoria* decorre de obras públicas que valorizam ou beneficiam o imóvel do sujeito passivo.

Esta trilogia, contudo, sucumbiu à inclusão de outras exações, mantendo o cerne de sua conceituação legal – art. 3º do Código Tributário, permitindo que, com as sucessivas criações legislativas, os exegetas do Direito Tributário, com alguma relutância, as incluíssem como espécie daquele gênero, aumentando, assim, a grande família tributária.

Tanto assim que Aliomar Baleeiro (1976, p. 69) pondera:

> Mas, juridicamente no Direito positivo do Brasil, hoje, as *contribuições especiais* ou *parafiscais* integram o sistema tributário, não só porque a Emenda nº 1/1969 as autoriza expressamente nos arts. 163, parágrafo único; 165, XVI, e 166, § 1º, mas também porque o Decreto-Lei nº 27, de 1966, acrescentou mais um dispositivo ao CTN, alterando a redação do art. 217 do mesmo para o fim especial de ressaltar a exigibilidade da contribuição sindical, das "quotas de previdência" e outras exações parafiscais (...).

Celso Ribeiro Bastos (1991, p. 144), no seu entender nos legou o seguinte ensinamento:

Assim, em primeiro lugar, o art. 145 faz referência a impostos, taxas e contribuição de melhoria. Isso não impede, no entanto que a Constituição, em outros passos, aluda a duas outras modalidades, quais sejam as *contribuições sociais* e os *empréstimos compulsórios*.

Em nosso *Direito Tributário* (2008, p. 65) reconhecemos que o *tributo* é o gênero, sendo suas espécies:

— *impostos;*

— *taxas;*

— *contribuições de melhoria;*

— *contribuições parafiscal;*

— *contribuições sociais;*

— *empréstimos compulsórios;*

— *contribuições especiais;* e

— *tarifas.*

Neste diapasão, todas essas espécies, por pertencerem ao gênero, constituem elementares do tipo penal, razão pela qual a especificação das *contribuições sociais*, na redação do art. 1º da Lei nº 8.137/1990, constitui heresia, salvo a hipótese, embora lamentável o equívoco, de afastar qualquer discussão sobre a referida previsão legal, embora, como fulcro deste trabalho, totalmente improcedente.

De há muito tempo, os estudiosos do Direito Tributário reconhecem esta natureza jurídica para as *contribuições sociais*, as quais merecem a observação de Luciano Marinho Filho (2009, p. 201-17):

As "contribuições sociais" representam, um gênero. O art. 149 da Constituição Federal de 1988 regula o regime tributário de contribuição social de caráter não previdenciário, guardando os mesmos ditames dos demais tributos. Servem para custear a atuação do Estado em campos sociais diversos, como por exemplo: salário-educação (art. 212, § 5º, da CF/1988), ou Fundo de Garantia por Tempo de Serviço visando a aquisição de casa própria. Diferentemente das contribuições sociais previdenciárias (espécie) que servem para o financiamento da seguridade social: previdenciário, saúde e assistência social.

3. PRESSUPOSTOS DO TRIBUTO

Examinamos que o **tributo** é *toda prestação pecuniária compulsória*, e, para fixar o montante da *obrigação*, não podemos olvidar a existência de alguns *antecedentes*, indispensáveis para a sua formalização.

Para os autores do anteprojeto do Código Tributário Nacional,[12] dentre os quais se destacou o insuperável Rubens Gomes de Souza (1981, p. 87), reconhece que: "as fontes da obrigação tributária são três: a **lei**, o **fato gerador** e o **lançamento**".

Desta postura não diverge Ruy Barbosa Nogueira (1973, p. 30):

> Basta lembrar que *abstratamente* não pode existir tributo sem **lei** que o institua e se *objetivamente* não pode existir tributo sem a ocorrência do **fato gerador**, *subjetivamente*, não pode ser efetivada a arrecadação ou pagamento de nenhum tributo sem a apuração, cálculo e identificação do contribuinte, que são funções específicas do **lançamento**.

De nossa parte (BARROS, 2008, p. 63), até sob o pálio destes ensinamentos, sustentamos: "Os pressupostos da obrigação tributária são três: a **lei**, o **fato gerador** e o **lançamento**".

Vejamos tais pressupostos.

3.1. Lei

O Brasil é cercado por normas jurídicas por sermos um *Estado Democrático de Direito*, fato que implica *reserva legal*, em todos os setores de nossa vida, como já apontamos anteriormente na rápida passagem pelo Direito Penal.

---

12. Pela Portaria nº 784, de 19 de agosto de 1953, o Ministro da Fazenda nomeou a Comissão para a elaboração do anteprojeto do Código Tributário Nacional, composta por Rubens Gomes de Souza, Affonso Almiro, Ribeiro da Costa, Pedro Pereira Soares Júnior, Gérson Augusto da Silva e Romeu Gibbson, encaminhado pela Mensagem nº 373/1954 ao Congresso Nacional, tomando o nº 4.834. Nova Comissão Especial foi nomeada em 27 de janeiro de 1965, composta por Luiz Simões Lopes (Presidente), Rubens Gomes de Souza (relator), Gerson Augusto da Silva (técnico em Finanças Públicas e Economia), Sebastião Santana e Silva (técnico em Finanças Públicas), Gilberto de Ulhoa Canto (advogado) e Mario Henrique Simonsen (economista e professor).

Aliás, a Norma Fundamental determina que: *"ninguém será obrigado a fazer ou deixar de fazer alguma coisa senão em virtude de lei"*, conforme se vê do dogma expresso no inciso II do art. 5º, circunstância que implica em reconhecer a sua indispensabilidade para firmar a obrigação dela advinda, tornando supérfluo um maior aprofundamento sobre o tema.

Não basta, contudo, a mera existência da *lei tributária* para que a mesma surta, imediatamente, os seus efeitos, pois, entre nós, difere-se a *vigência da lei*, com a sua *exigibilidade* ou *eficácia*, ensejando a adoção do dogma da **anterioridade**.

A matéria, atualmente, está contida no art. 150, inciso III, alínea "b", da Constituição Federal, em que é vedada a cobrança de tributos *no mesmo exercício financeiro em que haja sido publicada a lei que os instituiu ou aumentou*; assim, a lei entra em vigor [com a noção de *sanção*, *promulgação* e *publicação* pelo Chefe do Executivo] até 31 de dezembro, para ser exigida a partir do início do exercício financeiro seguinte. A lei, portanto, para ser *exigida*, tem que estar *publicada* **antes** *de 1º de janeiro*. Apenas o alerta de que, para determinados temas, a Constituição, em seu art. 146, exige **lei complementar** de estrutura formal diversa da *lei ordinária*.

A República Federativa do Brasil está dividida entre a União, os Estados-Membros e Municípios, cujas competências tributárias emanam dos arts. 153, 155 e 156 da Constituição Federal, respectivamente, implicando, assim, reconhecer, na existência de uma enorme e complexa gama legislativa proveniente de cada entidade anteriormente apresentadas, o exercício de sua competência tributária.

Lembrando Rossi, pelo festejado Victor Uckmar (1976, p. 1), o Direito Tributário possui *"sés têtes de chapitre* no direito constitucional", com suas *normas gerais* contidas dentro do Código Tributário Nacional, e deste, cada entidade institui suas normas – leis e decretos – para o exercício de suas competências tributárias.

3.2. Fato gerador

O segundo pressuposto da *obrigação tributária* encontra-se disposto no art. 114, do Código Tributário Nacional, e ali reconhecido como *a situação definida em lei como necessária e suficiente à sua ocorrência*.

Importante ressaltar a lembrança do inesquecível Geraldo Ataliba (1969, p. 159):

> Deve-se esta terminologia, entre nós consagrada, de *fato gerador*, ao extraordinário prestígio de um dos maiores publicistas franceses. Gaston Jèze, cujas lições tiveram notável divulgação entre nós, tendo aliás, contribuído para o incremento dos estudos científicos de direito tributário no Brasil. Um dos seus artigos publicado na *RDA*, denominado *O fato gerador* marcou época e determinou a imediata e total adesão a esta terminologia.

Sobre a matéria, encontramos, também, a lição de Alfredo Augusto Becker (1972, p. 288):

> Escolheu-se a expressão *hipótese de incidência* para designar o mesmo que outros autores denominam de "suporte fáctico" ou "Tatbestand" ou "fattispecie" ou "hecho imponible" ou "pressuposto del tributo" ou "fato gerador". Esta última expressão é a mais utilizada pela doutrina brasileira de Direito Tributário e, de todas elas, a mais infeliz porque o "fato gerador" não gera coisa alguma além de confusão intelectual. Para que possa existir a relação jurídica tributária é necessário que, *antes*, tenha ocorrido a *incidência* da regra jurídica tributária sobre o "fato gerador" e, em consequência, irradiado a relação jurídica tributária.

Indispensável, portanto, o alerta para que não se dê à expressão *fato gerador* a sua interpretação literal, pois, simplesmente o Código Tributário denomina de *fato gerador* uma determinada ocorrência, de interesse fiscal, não sendo ela, contudo, o acontecimento que *gera* o dever fiscal, ou seja, a *lei*, que elegeu um determinado *fato* para a incidência. No entendimento de Becker, a *lei*, sendo *abstrata*, fixa uma *hipótese de incidência*.

Para cada espécie de tributo, a Lei, primeiro pressuposto de sua existência, fixa o seu respectivo Fato Gerador, por exemplo: o imposto sobre a importação de produtos estrangeiros tem como fato gerador a *entrada destes no território nacional* – art. 19 do CTN; o imposto sobre a exportação, para o estrangeiro, de produtos nacionais ou nacionalizados tem como fato gerador a *saída destes do território nacional* – art. 23; o imposto sobre a propriedade territorial rural tem como fato gerador a *propriedade, o domínio útil ou a posse de imóvel por natureza, como de-*

finido na lei civil, localizado fora da zona urbana do Município – art. 29, e assim sucessivamente.

Analisamos, portanto, os dois primeiros **pressupostos** da obrigação tributária: a Lei e o Fato Gerador.

3.3. Lançamento

Hugo de Brito Machado (2013, p. 87), reconhece:

> Lançamento é o *procedimento administrativo* tendente a verificar a ocorrência do fato gerador da obrigação correspondente, identificar o seu sujeito passivo, determinar a matéria tributável e *calcular o montante do crédito tributário*, aplicando, se for o caso, a penalidade cabível.

Esta noção, aliás, já fora expendida por Ruy Barbosa Nogueira (1973, p. 30), quando afirmou:

> Basta lembrar que *abstratamente* não pode existir tributo sem **lei** que o institua e se, *objetivamente*, não pode existir tributo sem a ocorrência do **fato gerador**, *subjetivamente*, não pode ser efetivada a arrecadação ou pagamento de nenhum tributo sem a apuração, cálculo e identificação do contribuinte, que são funções específicas do **lançamento**.

O tema é de imprescindível relevância, embora, para muitos, não se lhe dê a devida importância.

Inicialmente, destacamos que o vernáculo é adotado no sentido técnico administrativo-tributário, como veremos, e não significa o comportamento meramente contábil de uma *empresa* ou do sujeito passivo em escriturar, na escrita fiscal, nos livros contábeis, traçando as operações ocorridas e devidas. Não enseja a noção, portanto, do ato de se "*lançar*", "*escriturar*" nos livros fiscais, uma operação; aqui, para o Direito Tributário, o "lançamento" tem outro significado.

Adentremos, agora, no estudo do relevante, relevantíssimo, pressuposto, cerne da quizila de nossa discórdia, sobre a matéria que envolve os crimes contra a ordem tributária, que é o **lançamento**, envolvendo o aspecto do Direito Administrativo e do Direito Tributário.

Doutrinariamente, Alberto Pinheiro Xavier (1972, p. 27), expõe:

> Indo um pouco mais longe, alguns autores, como TESORO, separam dentro de um conceito amplo de *accertamento*, que abrangeria todas as realidades acima descritas, um *accertamento* em sentido restrito, que apenas se referiria ao ato administrativo pelo qual o sujeito ativo da relação jurídico-tributária procede à aplicação da norma abstrata ao caso concreto, determinando os elementos subjetivos e objetivos da obrigação.

Américo Masset Lacombe (1977, p. 83) assim descreve: "O Código Tributário Nacional, adotando a estrutura dualista da relação obrigacional, deu ao lançamento eficácia declaratória do *debitum* e constitutiva da *obligatio*".

Convém destacarmos, desde logo, a situação apontada.

4. LANÇAMENTO: CONSTITUIÇÃO DO CRÉDITO TRIBUTÁRIO

4.1. Competência privativa

Relevante, ainda, dentro desta abordagem, a previsão constante no *caput* do art. 142 do Código Tributário Nacional, determinando a competência da autoridade administrativa – *fazendária* – para a *constituição* do crédito tributário, por meio do **lançamento**, cuja transcrição ousamos efetuar para abreviar sua pesquisa:

> Art. 142. Compete **privativamente à autoridade administrativa** constituir o crédito tributário pelo lançamento, assim entendido o procedimento administrativo tendente a verificar a ocorrência do fato gerador da obrigação correspondente, determinar a matéria tributável, calcular o montante do tributo devido, identificar o sujeito passivo e, sendo o caso, propor a aplicação da penalidade cabível.

Para o reconhecimento deste pressuposto temos que reconhecer que, para o surgimento do **tributo**, torna-se imperioso o surgimento do **lançamento**, sem o qual inexiste o crédito tributário.

O alicerce desta afirmação encontra arrimo no entendimento Pretoriano:

> O lançamento é de competência privativa da autoridade administrativa (art. 142 do CTN). Assim, qualquer que seja a modalidade (direto, por declaração ou por homologação), ele só se completa com a manifestação da autoridade. (TFR – Ag. 40981/RJ – Rel. Min. Justino Ribeiro – 5ª Turma – Decisão em 30.3.1981. *Ementário de Jurisprudência*, v. 02-01, p. 37, *DJ* de 20.8.1981) (TOURINHO NETO, 1995, p. 116-7).

A Legislação Previdenciária – Lei nº 8.212, de 24 de julho de 1991, sem o buril que permitiu a Rubens Gomes de Souza e Bandeira de Mello lapidar o anteprojeto do Código Tributário Nacional, sem este rigor técnico, prevê, embora timidamente não perca aquela noção, estipula:

> **Art. 33.** À Secretaria da Receita Federal do Brasil compete planejar, executar, acompanhar e avaliar as atividades relativas à tributação, à fiscalização, à arrecadação, à cobrança e ao recolhimento das contribuições sociais previstas no parágrafo único do art. 11 desta Lei, das contribuições incidentes a título de substituição e das devidas a outras entidades e fundos. (...) *(Art. 33, caput, com redação dada pela Lei nº 11.941/2009)*
>
> § 7º. O crédito da seguridade social é constituído por meio de notificação de lançamento, de auto de infração e de confissão de valores devidos e não recolhidos pelo contribuinte. *(§ 7º com redação dada pela Lei nº 11.941/2009)*

Prevê, ainda:

> **Art. 35-A.** Nos casos de lançamento de ofício relativos às contribuições referidas no art. 35 desta Lei, aplica-se o disposto no art. 44 da Lei nº 9.430, de 27 de dezembro de 1996. *(Art. 35-A acrescido pela Lei nº 11.941/2009)*

Nas hostes da Previdência Social, há, também, o lançamento de ofício, quando não ocorrerem a arrecadação prevista no art. 30 e seguintes da aludida Lei.

Em decorrência desta conceituação legal, ressaltamos os seguintes aspectos, cuja compreensão, desde logo, nos encaminhará para a nossa proposituta final.

4.2. Natureza jurídica

Diversas são as opiniões reinantes entre os doutrinadores do Direito Tributário, para se saber qual a natureza jurídica do *lançamento*, e se ele é um ato declaratório ou constitutivo.

Antes de iniciarmos a abordagem do tema, convém ressaltarmos, mais uma vez: os pressupostos da *obrigação tributária* são três: a *lei*, o *fato gerador* e o *lançamento*, e, como tal, é com o *fato gerador*, que é a *causa da obrigação*, que o Estado *adquire o direito* de cobrar um tributo.

Dentro desta orientação, como *pressuposto da obrigação*, o *fato gerador* estaria inserido como *ato constitutivo*, tornando o lançamento um mero *ato declaratório*.

Ao analisarmos o *lançamento* pela ótica dos pressupostos e não mais da *obrigação*, mas agora envolvendo o *crédito tributário*, o direito do recebimento de um determinado valor, a ser apurado pelo lançamento, por este prisma do crédito, passa a ser um ato constitutivo.

A orientação de Aliomar Baleeiro (1976, p. 444) torna-se imperiosa, referindo-se ao *fato gerador*:

> A noção de ato constitutivo se avizinha do conceito do art. 81 do Código Civil [1916]: é todo ato lícito que tem por fim imediato *adquirir*, *modificar* ou *extinguir direito*. Realizados esses fins, os de criar, alterar ou abolir uma situação jurídica, constituindo-a, ele se projeta de sua data em diante para o futuro (*ex nunc*).
>
> Já o declaratório, não cria, não extingue, nem altera um direito. Ele apenas determina, faz certo, apura, ou reconhece um direito preexistente, espancando dúvidas e incertezas.
>
> Seus efeitos recuam até a data do ato ou fato por ele declarado ou reconhecido (*ex tunc*). Pode comparar-se com o processo de liquidação e execução depois da fase cognoscitiva.

Amílcar Araújo Falcão (1971, p. 107), condimenta esta exposição, com a seguinte pitada jurídica:

> Ora, a inexigibilidade do débito tributário antes do lançamento é uma decorrência da iliquidez da dívida e não da inexistência da relação jurídica. No próprio Direito italiano não se desconhece a possibilidade

de exigência de garantia do crédito previamente ao lançamento, quando periclite a solvabilidade do sujeito passivo.

Para espancar definitivamente qualquer dúvida, basta lembrar que o próprio Código Tributário, no Livro Segundo, em seu Título III – ao cuidar do **crédito tributário**, adotou, no Capítulo II, a **constituição do crédito tributário**.

No próprio texto do *caput* do art. 142, que mais uma vez transcrevemos, o Código repete:

> **Art. 142.** Compete privativamente à autoridade administrativa **constituir o crédito tributário pelo lançamento**, assim entendido o procedimento administrativo tendente a verificar a ocorrência do fato gerador da obrigação correspondente, determinar a matéria tributável, calcular o montante do tributo devido, identificar o sujeito passivo e, sendo o caso, propor a aplicação da penalidade cabível.

Não bastassem estas previsões o Código é enfático, com a impecável terminologia:

> **Art. 173.** O **direito** de a Fazenda Pública **constituir o crédito tributário** extingue-se após 5 (cinco) anos, contados: (...)

Destarte, o próprio Código aplica a terminologia adequada ao identificar que a natureza jurídica do lançamento é **constitutiva**, quando da apuração do direito do crédito devido.

4.3. Prazo decadencial

A autuação fiscal é uma das formas com que se exterioriza o lançamento de ofício direto, como veremos a seguir.

Convém acentuar, no mesmo diapasão que, o *lançamento* ou o seu sucedâneo, a *autuação fiscal* só pode ser *alterada*, logo, *modificada – desconstituída* – após a impugnação do sujeito passivo, em atenção do contido no art. 145, inciso I, do CTN, representada pelas *reclamações* e *recursos administrativos, suspender a exigibilidade do crédito tributário* – art. 151 do suso Código.

Frise-se: a norma somente prevê a suspensão da exigibilidade do *crédito* e não dos **prazos** decorrentes.

Abraçando esta matéria, encontramos o V. Aresto que, embora escoteiro, tutela a matéria exposta:

I – Constituído o crédito tributário através do auto de infração, o prazo prescricional da ação de cobrança fica suspenso até a notificação da decisão final relativa aos recursos interposto, proferida na instância administrativa. (STJ – REsp 11.411/DF – Rel. Min. Antonio de Pádua Ribeiro – 2ª T. – J. em 30.6.1993 – *DJ* de 2.8.1993) (TOURINHO NETO, 1995, p. 147).

Acredito, contudo, não ser esta a melhor interpretação a ser adotada, na esteira do próprio Código Tributário Nacional – em seu art. 174 – pois, o *prazo de prescrição* envolvendo a cobrança do crédito tributário começa a fluir da data de sua **constituição definitiva**.

O corolário desta previsão permite concluir que, até a constituição definitiva do crédito tributário, flui o *prazo decadencial*, e, a partir deste instante, inicia-se um novo prazo, agora *prescricional*, a ser interrompido com o despacho do juiz na ação de execução fiscal – art. 174, parágrafo único, inciso I, do CTN.[13]

4.4. Constituição definitiva do crédito tributário

É notória, entre os Tributaristas, de que, depois de efetuado o *lançamento* do crédito tributário abre-se ao sujeito passivo – contribuinte – autuado, um amplo leque para a discussão de seu conteúdo, por meio de sua **impugnação** – art. 145 e incisos do Código Tributário.

Temos, portanto, que a mera atividade da autoridade administrativa competente não tem o condão de encerrar o ciclo da constituição **definitiva** do crédito tributário.

Aliás, a simples leitura do art. 142 do mesmo diploma, nos leva a esta conclusão, em face da adoção do conteúdo da última parte de sua redação: "e, sendo o caso, **propor** a aplicação da penalidade cabível".

---

13. Com a redação da Lei Complementar nº 118, de 9 de fevereiro de 2005, fato que implica reconhecer que, até então, tinha aplicação a redação primitiva deste inciso: "*I – pela citação* ***pessoal*** *feita ao devedor;*".

Nos estritos limites desta redação, a evidência, a simples elaboração do lançamento não implica reconhecê-la como **definitiva** na constituição do crédito tributário.

Existe uma gama imensa de impugnações, sempre respeitando os **dogmas** da **ampla defesa** e do **contraditório**,[14] na esfera administrativa, regidas pelo Decreto nº 70.235, de 6 de março de 1972, e pela Lei nº 8.748, de 9 de dezembro de 1993, não descarta a existência destas normas entre os Estados-membros e Municípios para a apuração formal e material da imposição tributária, sem excluir, é certo, a procura do Poder Judiciário para a rediscussão do tema.

Enquanto pendente, portanto, a discussão das matérias na esfera administrativa, a evidência inexiste na **constituição definitiva do crédito tributário**.

Convém lembrarmos o disposto no art. 83 da Lei nº 9.430, de 27 de dezembro de 1996, que, de imediato, afasta o entendimento, até então dominante, vigorando a noção de que, a simples constituição do crédito tributário, com o lançamento, independentemente de qualquer outro prazo, era determinante para torná-lo *definitivo*, pois, sob o império da lei, determina:

> **Art. 83.** A representação fiscal para fins penais relativa aos crimes contra a ordem tributária, prevista nos arts. 1º e 2º da Lei nº 8.137, de 27 de dezembro de 1990, e aos crimes contra a Previdência Social, previstos nos arts. 168-A e 337-A do Decreto-Lei nº 2.848, de 7 de dezembro de 1940 (Código Penal), será encaminhada ao Ministério Público **depois de proferida a decisão final, na esfera administrativa, sobre a exigência fiscal do crédito tributário.** *(Art. 83 com redação dada pela Lei nº 12.350/2010)*

Para robustecer este entendimento, é de ser lembrado o conteúdo da Súmula Vinculante nº 24:

> **Súmula Vinculante nº 24:** Não se tipifica crime material contra a ordem tributária, previsto no art. 1º, incisos I a IV, da Lei nº 8.137/1990, **antes do lançamento definitivo do tributo.**

---

14. Constituição Federal, art. 5º: "LV – aos litigantes, em processo judicial ou *administrativo*, e aos acusados em geral são assegurados o contraditório e a ampla defesa, com os meios e recursos a ela inerentes;".

Logo, não basta a mera elaboração do crédito pelo lançamento para que se lhe reconheça a sua constituição definitiva, porém, após esgotadas todas as *instâncias* administrativas e estando apto, sustenta-se o *procedimento criminal*.

Não nos contentamos, contudo, em sufragar estes entendimentos, mas temos a necessidade, ainda, de darmos um passo mais à frente, para se admitir a **constituição definitiva do crédito tributário**.

Comungamos com a noção de que esta constituição se torna definitiva por ocasião da sua **inscrição na Dívida Ativa**, a qual ocorre "*depois de esgotado o prazo fixado, para pagamento, pela lei ou por decisão administrativa final proferida em processo regular*", como determina o art. 201 do Código Tributário Nacional.

Por outro lado, ao estudarmos a inscrição da Dívida Ativa como instituto do Direito, vislumbramos o § 3º do art. 2º da Lei nº 6.830, de 22 de setembro de 1980 – Lei de Execução Fiscal, que prevê:

> § 3º. A inscrição, que se constitui no ato de controle administrativo da legalidade, será feita pelo órgão competente para apurar a liquidez e certeza do crédito e suspenderá a prescrição (...).

A inscrição, portanto, reconhecida pela Lei de Execução Fiscal, tem por objetivo o *controle administrativo da* **legalidade** *da dívida*.

Luciano Benévolo de Andrade (1981, p. 127) indica uma realidade:

> De rara felicidade a observação de Cid Heráclito de Queiroz e Leon Frejda Szklarowsky de que a inscrição evita a propositura, pela Fazenda de execuções **indevidas**, resguarda os direitos individuais, **protege** o cidadão, faz valer o **princípio da reserva legal** e da propriedade privada. [*Grifos nossos*]

Na esteira desta orientação, encontramos uma postura não vislumbrada por muitos estudiosos por não participarem ativamente do mecanismo, inerente à tramitação administrativa dos inconformismos do sujeito passivo e no processo de Inscrição da Dívida Ativa, o qual, na esfera Administrativa Federal está entregue para a Procuradoria da Fazenda Nacional, com expressa disposição contida no art. 39, § 5º, da Lei nº 4.320/1964.

E arremata Luciano Benévolo de Andrade (1981, p. 127):

No exercício desta competência, a Procuradoria tem captado os mais diversos vícios, capazes de infirmar as execuções, com copiosos prejuízos para o Tesouro, como: nome incompleto ou errado do devedor; engano nos valores dos tributos ou das multas; fundamentação legal errada; ausência ou irregularidade na notificação do devedor; inclusão descabida da multa moratória; descrição incompleta da origem da dívida ou de débitos patrimoniais ou os decorrentes de custas processuais, alcances, reposições e indenizações; omissões ou enganosa indicação de sucessores; responsabilização do *de cujus* ao invés do espólio; cobrança indevida ou em duplicata etc.

É, portanto, no momento da *inscrição da Dívida Ativa* que se decantam as impurezas, os vícios formais ou materiais, quando se expurgam todos os defeitos do lançamento ou da autuação fiscal, tudo para tornar a dívida límpida, sem nódoa.

Zelmo Denari (1975, p. 64), transcrito por Yussef Said Cahali (1979, p. 31), abordam os dois momentos, nítidos e inconfundíveis, sobre a decadência.

O primeiro envolve o direito de iniciar a constituição do crédito, pelo simples decurso de seu prazo; e, em seguida, arremata:

O segundo termo decadencial relaciona-se com o direito de constituir definitivamente o crédito tributário, isto é, o direito de concluir o procedimento fiscal já iniciado, dimensionando a obrigação tributária e criando para a administração um direito subjetivo de cobrança. Nesta hipótese, se o *dies a quo* coincide com a prática de ato impositivo do ato que exaure o procedimento fiscal, qual seja, a inscrição da dívida. O crédito regularmente inscrito está revestido dos requisitos da liquidez e certeza que infundem a imediata exercitabilidade e possibilidade de tutela executiva. Somente a criação do título executivo, por iniciativa da própria administração põe em direta correlação o direito subjetivo de cobrança do ente público com a obrigação tributária do contribuinte. E, por via de consequência, somente a partir da criação do título executivo, isto é, da inscrição da dívida, pode-se falar em abertura do termo prescricional.

Poderíamos concluir:

I – opera a decadência do crédito fiscal, do decurso do prazo de 5 (cinco) anos a contar do início do exercício seguinte ao do fato gerador da obrigação tributária, ou da data em que se tornar definitiva a decisão que houver anulado, por vício formal, o lançamento anteriormente efetuado, sem que o crédito tributário tenha sido regularmente *inscrito na dívida ativa* [art. 173 e incisos do CTN];

II – se a lei não fixar prazo para a homologação, será ele de 5 (cinco) anos, contados da ocorrência do fato gerador, e, expirado este prazo sem que a Fazenda Pública se tenha pronunciado, considera-se homologado o lançamento e definitivamente extinto o crédito, salvo se comprovada a ocorrência de dolo, fraude ou simulação [art. 150, § 4º, do CTN].

Reafirmamos o entendimento anteriormente exposto, de que, até a constituição definitiva do crédito tributário, flui o *prazo decadencial*, verificado, agora, que o seu termo é o da *inscrição do débito na ativa*, envolvendo o *direito da constituição do crédito tributário*, e, a partir deste instante, desta *inscrição*, inicia-se um novo prazo, agora *prescricional*, para a propositura da ação – *pretensão resistida* – a ser interrompido com o despacho do juiz na ação de execução fiscal – art. 174, parágrafo único, inciso I, do CTN.

4.4.1. Decadência tributária e crime fiscal

Nem se diga alhures, que ocorrido um fato gerador, mesmo acobertado pela decadência no âmbito tributário – decurso do prazo de 5 (cinco) anos –, não afastaria a apuração criminal, eis que, em face do máximo da pena *in abstrato* [previsão legal: pena de 2 a 5 anos], a prescrição seria de 12 (doze) anos – art. 109, inciso III, do Código Penal [*em 12 (doze) anos, se o máximo da pena é superior a 4 (quatro) anos e não excede a 8 (oito)*], podendo ser apurada a eventual infração praticada.

A decadência fulmina a constituição do crédito, portanto, deixa de existir a prestação pecuniária compulsória, em moeda, que integra a noção de tributo – art. 3º do CTN; ora, inexistindo o **tributo**, desaparece a configuração da **elementar do tipo do crime contra a ordem tributária** [suprimir ou reduzir] isto é, do **tributo**.

Ausente a elementar do tipo – tributo – não há crime, logo, não há o direito, desaparecendo o próprio ato constitutivo.

5. LANÇAMENTO DE OFÍCIO

Mercê do disposto no art. 142 do CTN que fixa a **competência privativa da autoridade administrativa** para a constituição do crédito tributário, forçoso é reconhecer que o **lançamento** decorre de um ato praticado *ex officio*, isto é, em razão da função, do ofício, exercida por uma autoridade, que é compelido a efetuar o lançamento em razão de seu próprio ofício, atribuído pela lei, e nela pratica o ato plenamente vinculado.[15]

A administração pública procurar ungir os seus inúmeros serviços pelo dogma da **legalidade**, em decorrência do constante no art. 37, da Lei Maior, pugnando pela probidade administrativa de seus funcionários ou servidores, erigindo, na Lei nº 8.429, de 2 de junho de 1992, a improbidade administrativa (art. 11), de quem "atenta contra os princípios da administração pública qualquer ação ou omissão que viole os deveres de honestidade, imparcialidade, legalidade e lealdade às instituições (...)".

A administração pública exige, portanto, que seus funcionários e servidores se pautem em suas atividades dentro da legalidade, no estrito cumprimento da lei.

Desde logo, devemos identificar que todo o *lançamento* decorre de um ato denominado **de ofício**, atrelado, portanto, nas atribuições da autoridade administrativa competente.

6. PROCEDIMENTO FISCAL APURATÓRIO DO LANÇAMENTO: AUTO DE INFRAÇÃO E IMPOSIÇÃO DE MULTA [AIIM]

Sempre que a autoridade administrativa competente apurar, qualquer que seja a *modalidade* do lançamento, que o sujeito passivo deixou

---

15. A expressão *ex officio*, é deveras conhecida no mundo do direito, inclusive no processual, onde os pergaminhos de ritos determinam que, em algumas sentenças, o magistrado tem o dever de remetê-la, *ex officio*, para a Instância Superior. Súmula 423 do STF: "Não transita em julgado a sentença por haver omitido o recurso *ex officio*, que se considera interposto *ex lege*." No CPP, por exemplo: "Art. 574. Os recursos serão voluntários, excetuando-se os seguintes casos, em que deverão ser interpostos, de ofício, pelo juiz: (...)", dentre tantos outros.

de atender a exigência legal, dará início, na adoção de atos preparatórios indispensáveis para esta finalidade, a um "procedimento administrativo tendente a verificar a ocorrência do fato gerador da obrigação correspondente, determinar a matéria tributável, calcular o montante do tributo devido, identificar o sujeito passivo, e sendo o caso, propor a aplicação da penalidade cabível", como descreve o *caput* do art. 142 do Código Tributário.

Poder-se-ia adotar uma vertente no mundo jurídico de um *direito processual administrativo tributário*, objetivando apurar a ocorrência fiscal.

Este *procedimento* tem sua estrutura regrada no Decreto n° 70.235, de 6 de março de 1972, com suas modificações, advindas da Lei n° 8.748, de 9 de dezembro de 1993, e de normas esparsas, como a Lei n° 9.532, de 10 de dezembro de 1997, Lei n° 11.196, de 21 de novembro de 2005, Lei n° 11.457, de 16 de março de 2007, Lei n° 11.941, de 27 de maio de 2009, dentre outras.

Há, portanto, um *direito formal* a ser cumprido na esfera administrativa, que, ao descortinar a sua instauração, implica que o sujeito passivo seja "cientificado" do mesmo, cumprindo-se rigorosamente seus ditames, e, se írrito, ser reconhecida a sua nulidade.

Alguns autores preferem denominar este *procedimento* como sendo um Auto de Infração de Imposição de Multa, como se vê na lição de Pedro Felício André Filho (2006, p. 239-52):

> Logo, em virtude do acima exposto, temos que o auto de infração, significa um termo lavrado por autoridade fiscal que apura eventual infração à legislação fiscal e que não serve apenas de provas, mas implica formalização da exigência fiscal, eis que tem natureza de lançamento de ofício como resultado do procedimento administrativo tributário.

Por cautela, contudo, preferimos reconhecer, simplesmente, que a Administração Fazendária adota um *procedimento fiscal apuratório do lançamento*, o qual pode ser verificada a ocorrência concreta diversa da prevista em lei, originar ou ter como consequência, o *auto de infração e imposição de multa*; contudo, rotulá-lo, de imediato, como *auto de **infração*** quebra o dogma da *presunção de inocência*, enfocado no art. 5°, inciso LVII, da Carta Política.

A adoção do *procedimento administrativo* pode resultar, ao final, no auto de infração; não necessariamente, resultando que, aquela temeridade – de uma conduta diversa da exigida em lei – não ocorreu, arquivando-o.

A conduta da autoridade fazendária, na adoção deste *procedimento*, está normatizada, como vimos anteriormente, cujo encerramento, implica arquivamento, nada sendo apurado ou, ao contrário, aponta e fixa, desde logo, de um *"montante hipotético"* do tributo devido e, se for o caso, propõe a penalidade pecuniária, da multa incidente, se devida – art. 142 do CTN.

Diz-se *"hipotético"* porque, a partir deste momento, dar-se-á a *"notificação"* do sujeito passivo – art. 145 do Código Tributário – para impugná-lo, fruto do disposto no art. 5º, inciso LV, da Carta de Princípios – adotando-se a *ampla defesa e o contraditório* –, no prazo de 30 dias, sob pena de, não o fazendo, é claro, admitir a sua veracidade.

7. "AUTOLANÇAMENTO": HERESIA TERMINOLÓGICA

Adotou-se, com certa profusão, a expressão *"autolançamento"* antes do atual Código Tributário, ganhando adeptos. Entretanto, agora, como a sua constituição está afeta na competência privativa da autoridade administrativa – art. 142, não se pode reconhecê-la com a noção adotada anteriormente.

Geraldo Ataliba (1969, p. 287) aborda:

> Lançamento por Homologação – impropriamente chamado de autolançamento – ocorre quando a lei atribui ao sujeito passivo a incumbência de todo o preparo material e técnico do ato, que, destarte, se reduz a uma simples homologação.

A legislação tributária é específica para cada um dos vários tributos e exige que o próprio contribuinte promova o preenchimento de uma *guia de recolhimento* – hoje comum até nos próprios caixas eletrônicos bancários ou das repartições – e promova o recolhimento do valor calculado pelo próprio sujeito passivo, dando a nítida impressão de que o *contribuinte* esteja efetuando o lançamento.

Ledo engano; esse comportamento do sujeito passivo não implica, necessariamente, que o seu ato se amolde à conceituação de *lançamento*, isto porque a sua constituição definitiva está atrelada à competência **privativa** da autoridade administrativa responsável.

Assim, inexiste, perante o Código Tributário Nacional, o chamado "*autolançamento*" da obrigação tributária.

Com tais esclarecimentos, apresentamos as várias modalidades de *lançamentos* da obrigação tributária.

O Código Tributário Nacional identifica as seguintes modalidades de lançamentos, que, em decorrência do apresentado, os denominamos da seguinte forma:

- lançamento de ofício **direto** – art. 149 do CTN;
- lançamento de ofício por **declaração** – art. 147 do CTN;
- lançamento de ofício **por homologação** – art. 150 do CTN.

Como estas modalidades estão intimamente atreladas ao surgimento do crédito tributário, logo, do próprio tributo, e sobre elas recaem as práticas tendentes ao surgimento do ilícito tributário, deixamos as suas análises na abordagem do Direito Penal Tributário, logo à frente, para não nos tornarmos repetitivos e enfadonhos.

IV

DIREITO TRIBUTÁRIO PENAL

1. INTRODUÇÃO

Ramagem Badaró (1976, p. 110) fornece a seguinte conotação terminológica:

> Para proteger os interesses econômicos financeiros do Estado, o Direito Tributário busca o auxílio do Direito Penal, para que este sancione penalmente, atos *cujas definições* o Direito Tributário esboça no seu corpo de normas. Nisso constitui o denominado Direito Penal Tributário. Tal acontece, por exemplo, nos crimes de excesso de exação (§ 1º do art. 316) e no delito de contrabando (art. 334), ambos do Código Penal de 1940.

Não obstante, com a voracidade fiscal inerente aos gastos do Estado, surgiram outras figuras típicas, ora encartadas dentro do próprio Código Penal, ou em legislações extravagantes [na época a própria Lei nº 4.729/1965, que instituiu o *crime de sonegação fiscal*, hoje, a Lei nº 8.137/1990, que denomina os *crimes contra a ordem tributária*]; porém, com a ramificação do Direito Tributário.

Como já esclarecemos anteriormente, os ilícitos tributários se concentram nos *lançamentos* da obrigação tributária, pois dele surge o crédito tributário, portanto, o próprio **tributo**.

Voltamos a repetir que o cerne deste trabalho reside no disposto no art. 142 do CTN, que, mais uma vez, transcrevemos, dada a sua relevância:

Art. 142. Compete privativamente à autoridade administrativa **constituir o crédito tributário pelo lançamento**, assim entendido o procedimento administrativo tendente a verificar a ocorrência do fato gerador da obrigação correspondente, determinar a matéria tributável, calcular o montante do tributo devido, identificar o sujeito passivo e, sendo o caso, propor a aplicação da penalidade cabível.

Deste dispositivo, retiramos as seguintes conclusões:

1 – o *lançamento* é um pressuposto do tributo;

2 – sem o lançamento inexiste o tributo;

3 – é por meio do lançamento que surge o crédito tributário;

4 – o lançamento é de competência exclusiva da autoridade administrativa.

Para o Código Tributário Nacional existem as seguintes modalidades de lançamentos, que, em decorrência do entendimento de que cabe à autoridade administrativa, em razão de sua função, de seu *ofício*, o próprio Código adota as seguintes modalidades:

— lançamento de ofício direto;

— lançamento de ofício por declaração;

— lançamento de ofício por homologação.

Vejamos cada uma destas modalidades sob o ângulo do crime contra a ordem tributária.

2. MODALIDADES DE LANÇAMENTOS E SEUS EFEITOS PENAIS

2.1. Lançamento de ofício direto

Nesta modalidade, a Autoridade Administrativa, para a constituição do crédito, age nos estritos limites do art. 142 do CTN, com exclusividade, sem a intervenção de quem quer que seja praticando um ato administrativo, no surgimento do tributo, proporcionando uma relação jurídica de *potestade* x *sujeição*.

Dentro desta linha visualiza-se o *poder* do Estado na *constituição do crédito tributário*: de um lado, com a *subordinação*; do lado oposto, louvando-se na conduta funcional estritamente amoldada dentro da norma, como determina o parágrafo único do art. 142 combinado com o art. 149 do Código Tributário. Exemplo: o Imposto Predial e Territorial Urbano, o Imposto Territorial Rural, a Tarifa de Energia Elétrica, a Tarifa Telefônica, Tarifa de Água etc.

O próprio *credor*, portanto, a Fazenda Pública, elabora e constitui, com exclusividade, o lançamento e o encaminha ao sujeito passivo, ao devedor, em regular *notificação*, o qual deve analisá-lo e regular seus aspectos formais e materiais, podendo, inclusive, impugná-lo [art. 145, I, do CTN], ou promover o seu pagamento, caso não recaia dúvida sobre a higidez do gravame, gerando, assim, a extinção do crédito tributário – art. 156, inciso I, do CTN.

Além das cargas tributárias anteriormente verificadas, o denominado **auto de infração**, elaborado exclusivamente pela autoridade administrativa competente, é outro exemplo desta modalidade, podendo alcançar qualquer tributo, inclusive, as *taxas*, as *contribuições parafiscais*, as *contribuições sociais* ou as *contribuições especiais*, e, dependendo da forma de arrecadação, as demais espécies de tributo.

Nesta modalidade de lançamento, oriundo da competência privativa de autoridade administrativa, raríssimas são as hipóteses em que o sujeito passivo possa, empregando a sutileza, fraudar a exigência fiscal. Alguns exemplos, contudo, são constatados: o proprietário do imóvel urbano constrói, na surdina, ao arrepio da Prefeitura, e, com isto beneficia-se da *majoração* do Imposto Predial; os famosos "*gatos*" nas fiações elétricas, em outras ligações clandestinas etc.

Apesar de se reconhecer a possibilidade de tais ocorrências, a todo instante, enquanto não operada a *decadência*, a autoridade administrativa poderá elaborar o *auto de infração*, constituindo o crédito tributário, surgindo, então, o **tributo**, como prevê o art. 149, incisos VIII [*quando deva ser apreciado fato não conhecido ou não provado por ocasião do lançamento anterior*] ou IX [*quando se comprove que, no lançamento anterior,* *ocorreu fraude ou falta funcional da autoridade que o efetuou, ou omissão, pela mesma autoridade, de ato ou formalidade essencial*], do CTN.

2.2. Lançamento de ofício por declaração

A legislação tributária exige, aqui, que o sujeito passivo ou terceiro preste determinadas "*informações*" à Autoridade Fazendária, sobre matéria de fato, indispensáveis para que, aquela, elabore ou constitua o lançamento, cabendo à Fazenda Pública absorvê-las ou não e promovendo a constituição do crédito tributário, como prevê o art. 147 do Código Tributário. Exemplo clássico é o Imposto de Renda.

Acrescente-se, ainda, que mesmo dentro desta modalidade de lançamento, em que o sujeito passivo ou terceiro presta *informações* para a Autoridade Administrativa, tais informações não as vinculam em relação à Autoridade Fiscal, tanto que, como é comum, as declarações prestadas sujeitam-se à *malha fina* da Receita, indicativo de que, o *lançamento*, mesmo estribado nas declarações do sujeito passivo, evidenciam que tais *informações* podem ser afastadas em face da competência da Autoridade Administrativa, demonstrando a sua coexistência com o disposto no art. 142 do CTN.

Convém, aqui, transcrever o disposto no art. 147 do Código Tributário:

Art. 147. O lançamento é efetuado com base na declaração do sujeito passivo ou de terceiro, quando um ou outro, na forma da legislação tributária, presta à autoridade administrativa informações sobre matéria de fato, indispensáveis à sua efetivação.

§ 1º. A retificação da declaração por iniciativa do próprio declarante, quando vise a reduzir ou a excluir tributo, só é admissível mediante comprovação do erro em que se funde, e antes de notificado o lançamento.

§ 2º. Os erros contidos na declaração e apuráveis pelo seu exame serão retificados de ofício pela autoridade administrativa a que competir a revisão daquela.

Há evidência de que, nesta modalidade de lançamento, o sujeito passivo possa induzir a erro a autoridade administrativa, em que sua declaração não constitua a realidade material.

Mesmo assim a autoridade administrativa tem, a seu dispor, o art. 148 do CTN, assim redigido:

Art. 148. Quando o cálculo do tributo tenha por base, ou tome em consideração, o valor ou o preço de bens, direitos, serviços ou atos jurídicos, a autoridade lançadora, mediante processo regular, arbitrará aquele valor ou preço, sempre que sejam omissos ou não mereçam fé as declarações ou os esclarecimentos prestados, ou os documentos expedidos pelo sujeito passivo ou pelo terceiro legalmente obrigado, ressalvada, em caso de contestação, avaliação contraditória, administrativa ou judicial.

Aliomar Baleeiro (1976, p. 468-9) trata o dispositivo com a seguinte lição:

Até prova em contrário e também são provas os indícios e as presunções veementes, o Fisco aceita a palavra do sujeito passivo, em sua declaração, ressalvado o controle posterior, inclusive nos casos do art. 149.

Mas, em relação ao valor ou preços de bens, direitos, serviços ou atos jurídicos, o sujeito passivo pode ser omisso, reticente ou mendaz. Do mesmo modo, ao prestar informações, o terceiro, por displicência, comodismo, conluio, desejo de não desgostar o contribuinte etc., às vezes deserta da verdade ou da exatidão.

Nesses casos, a autoridade está autorizada legitimamente a abandonar os dados da declaração ou de informações, esclarecimentos ou documentos, sejam do primeiro, sejam do segundo e arbitrar o valor do preço, louvando-se em elementos idôneos de que dispuser, dentro do razoável.

A largueza da previsão afasta a conduta do sujeito passivo ou terceiros da conduta de *suprimir ou reduzir* o pagamento do tributo devido, pela possibilidade de *"arbitrar"* as bases de cálculos, para a incidência do gravame tributário, louvando-se, em *"pautas fiscais"*, outros elementos de convicção.

O arbitramento surge por uma medida administrativa resultante de um *"processo regular"*, implicando conduta bilateral, notificando-se o contribuinte – art. 145, inciso III, do CTN –, para o exercício do *contraditório* e *ampla defesa* – art. 5º, LV, da Constituição Federal –, e sendo impugnada pelo sujeito passivo por contestação, deverá a mesma proporcionar uma decisão administrativa ou judicial.

Ressalte-se, que, embora imposta ao contribuinte ou terceiros a prestação de *"declarações"*, o ato constitutivo, o lançamento, continua como privativo da autoridade administrativa competente.

2.3. Lançamento de ofício por homologação

Nesta modalidade tributária estão concentradas as grandes discussões sobre os "Crimes Contra a Ordem Tributária", também conhecida, vulgarmente, como de sonegação fiscal, expressão, aliás, contida e adotada na Lei nº 4.729, de 14 de julho de 1965, como já examinamos.

A hipótese deste tipo de *lançamento* decorre da impossibilidade dos mecanismos do próprio Estado, por meio de suas autoridades administrativas competentes, para a execução desta finalidade tributária [*compete privativamente a autoridade administrativa constituir o crédito tributário (...)*].

Plúrimos são os fatos que amiudemente proporcionam, em decorrência de uma lei, um *fato gerador da obrigação tributária*, cujo desdobramento seria a *constituição do crédito tributário*, elaborando-se, com presteza e imediatismo, o lançamento da obrigação.

Imaginemos se a cada *veículo* que saísse de uma fábrica ou montadora, devesse ser elaborado, paralelamente, no mesmo instante, o lançamento do dever fiscal; se, a cada produto que saisse de uma *loja de departamentos* ou de uma loja comercial, devesse ser efetuado o devido lançamento.

Nesta modalidade, impera uma enorme e crescente gama de ocorrências, de fatos, tornando inviável que a Administração Fazendária mantenha suas autoridades nas indústrias, lojas, estabelecimentos comerciais, bares, restaurantes, tornando impossível ao Estado, de imediato, isto é, tão logo se dê o fato gerador, possa *constituir* estes créditos.

A incidência de tais gravames, na sua maioria, recai na *produção* e *circulação*, notadamente o Imposto sobre Produtos Industrializados – IPI, de competência da União, e, no âmbito estadual, o Imposto sobre a Circulação de Mercadorias e Serviços – ICMS, não se afastando outras modalidades, como o Imposto sobre Serviços – ISS, bem como, também, de outras hipóteses tributária, como as Contribuições Sociais, Parafiscais ou Especiais.

Fruto da incidência de tantos gravames, evita-se a atividade Fazendária decorrente da exigibilidade do tributo, em que a lei posterga a atuação fiscal, atribui um dever ao sujeito passivo, contudo, esta obrigação não significa que, efetivamente, a matéria tenha seu contorno tributário.

Sua previsão está contida no art. 150 do Código Tributário Nacional, pedindo vênia para sua transcrição, com o objetivo de facilitar sua compreensão, cuja leitura deve ser saboreada de forma literal:

> **Art. 150.** O lançamento por homologação, que ocorre quanto aos tributos cuja legislação atribua ao sujeito passivo o **dever de antecipar o pagamento sem prévio exame da autoridade administrativa**, opera-se pelo ato em que a referida autoridade, **tomando conhecimento da atividade** assim exercida pelo obrigado, expressamente a **homologa**.

Devemos analisar detalhadamente, cada expressão adotada na norma, evitando *ler* o que *não está escrito*, como é comum.

A lei adotou a expressão o **"dever de antecipar o pagamento"**, mas não especificou a que título; contudo, é natural que o sujeito passivo não possa efetuar o *"pagamento"* do tributo, uma vez que este é de competência privativa da autoridade administrativa.

Simplesmente a lei exige que o sujeito passivo *"antecipe o* **pagamento"**, tornando-se omissa quanto ao seu título, ou a que razão.

É um pecado a conclusão de que muitos chegam erradamente, olvidando o anexim: *Ubi lex non distinguit, nec interpres distinguire potest.*

Lúcida a previsão legal, onde, inexistindo o *prévio exame da autoridade administrativa*, quando esta se torna indispensável para a constituição do crédito (art. 142 do CTN), o valor carreado aos cofres públicos, é, apenas, um *mero pagamento*; porém, esta antecipação de pagamento não se reveste, ainda, de tributo.

Corroborando esta postura, ao mesmo tempo em que nos dá uma orientação sobre suas consequências, constamos a seguinte lição:

> Omisso o sujeito passivo da obrigação tributária sujeita a lançamento por homologação, o Fisco deve proceder ao lançamento de ofício, só

podendo indeferir o pedido de certidão negativa do tributo depois da constituição definitiva do crédito tributário, assim considerada aquela que já pode ser discutida na via administrativa. (TRF – 4ª Região – AgR 94.04.58138/RS – Rel. Juiz Ari Pargendler – 1ª Turma – Decisão de 7.12.1994 – *DJ* de 22.3.1994, p. 8828). (TOURINHO NETO, 1995, p. 123)

A coerência desta postura, graças a perspicácia do autor do anteprojeto do Código Tributário Nacional (Bandeira de Melo e Rubens Gomes de Souza), decorre da regra encartada no § 1º do art. 150 do CTN, eis que, o simples *pagamento antecipado* só extinguirá o crédito, quando de seu efetivo *lançamento*, como ato privativo da autoridade administrativa ao *homologar* aquela antecipação, que passa a ter o contorno administrativo de **lançamento**, assim dispondo:

> § 1º. O pagamento antecipado pelo obrigado nos termos deste artigo extingue o crédito, sob condição resolutória da ulterior homologação do lançamento.

Como estamos frente ao Lançamento por Homologação, atrelado na competência da autoridade administrativa entre a antecipação, determinada por lei, até que se dê a homologação, pouca ou nenhuma relevância haverá quanto ao crédito tributário ocorrido, tanto que Fábio Fanucchi (1971, p. 150) esclarece:

> Se, na antecipação de recolhimento a obrigação foi mal satisfeita, não se poderá falar em extinção do direito da Fazenda a uma cobrança suplementar, salvo se, embora mal satisfeita a obrigação, a antecipação tenha merecido a homologação expressa da autoridade competente.

A previsão está contida no § 2º do art. 150 do CTN:

> § 2º. **Não influem sobre a obrigação tributária quaisquer atos anteriores à homologação, praticados pelo sujeito passivo ou por terceiro, visando à extinção total ou parcial do crédito.**

Não obstante, em ocorrendo o pagamento da obrigação, embora "*mal satisfeita*", haverá sua consideração quando da homologação, tanto que, a respeito, aclara Zuudi Sakakihara (2005, p. 150):

> Todavia, os atos assim praticados, quando válidos e regulares, serão considerados na apuração do saldo, significando que o lançamento de ofí-

cio terá por objeto o crédito tributário remanescente e ainda não pago. É o que pretende dizer o § 3º, que ainda acrescenta que também a penalidade, quando devida, será calculada e dosada segundo o saldo objeto do lançamento de ofício.

Há um prazo dentro do qual a autoridade administrativa deve constituir o crédito tributário, fixado em 5 anos, contados da data do **fato gerador** e não do seu recolhimento ou pagamento, como determina o § 4º do art. 150.

Cabe-nos, neste diapasão acrescentar que este prazo, por envolver um "*ato constitutivo*", é **decadencial**.[16]

> § 4º. Se a lei não fixar prazo a homologação, será ele de 5 (cinco) anos, a contar da ocorrência do fato gerador; expirado esse prazo sem que a Fazenda Pública se tenha pronunciado, considera-se homologado o lançamento e definitivamente extinto o crédito, salvo se comprovada a ocorrência de dolo, fraude ou simulação.

A legislação tributária, no **lançamento de ofício por homologação**, determina que o sujeito passivo, simplesmente, **efetue a antecipação do pagamento**, sem que este recolhimento se constitua em verdadeiro **tributo**.

O *dever fiscal* exigido do sujeito passivo é, meramente, antecipar um montante, o qual não se amolda, ainda, na conceituação de **tributo**, faltando-lhe, portanto, como afirma Rubens Gomes de Souza, uma **fonte** da obrigação tributária, ou no escólio de Ruy Barbosa Nogueira: "(...) *subjetivamente*, não pode ser efetivada a arrecadação ou pagamento de nenhum tributo sem a apuração, cálculo e identificação do contribuinte, que são funções específicas do **lançamento**", ou este **pressuposto**, em nossa opinião.

3. PAGAMENTO DO CRÉDITO: EXTINÇÃO DA PUNIBILIDADE OU SENTENÇA ABSOLUTÓRIA

Trazemos à discussão a consequência natural do lançamento, que é a constituição do crédito tributário e seu desenrolar.

---

16. Imprescindível consultar a respeito: Pinto (1984, p. 60-84).

A Autoridade Administrativa, tão logo o tenha constituído, promove a *notificação* do sujeito passivo – art. 145 do CTN –, onde, com ele aquiescendo, pode promover o recolhimento do montante apurado, no prazo de 30 (trinta) dias – art. 160 do aludido Código –, operando a **extinção do crédito tributário**, como se vê no art. 156, inciso I.

Poderá, ao contrário, impugnar administrativamente o seu conteúdo, em seus aspectos formais e materiais, sugerir um *procedimento* perante a repartição competente, e, com a decisão, poderá apresentar recurso a ser apreciado por um órgão colegiado [Conselho de Contribuintes, na esfera Federal; Tribunal de Impostos e Taxas, como no Estado de São Paulo, ou com outras denominações alhures], acompanhando até a decisão final, e, dependendo da legislação específica, admitir-se-á, até mesmo, um pedido de reconsideração.

Baldados os esforços do contribuinte na administração pública, o mesmo poderá requerer a **moratória** – conforme permite o art. 151, inciso I, do CTN –, proporcionando, em havendo lastro de permissibilidade legal e sendo deferida, a **suspensão do crédito tributário**.

Esgotados os prazos previstos em lei, para outras pelejas na administração pública, e não sendo requerida a moratória, a autoridade administrativa competente remeterá a documentação necessária e pertinente ao representante do Ministério Público que, sentindo-se habilitado, poderá oferecer imediatamente a denúncia ou poderá requerer a instauração do Inquérito Policial.

Originariamente, a Lei nº 8.137, de 27 de dezembro de 1990, permitia a **extinção da punibilidade** com o pagamento integral do tributo, inclusive acessórios, até o recebimento da denúncia, prevendo:

> **Art. 14.** Extingue-se a punibilidade dos crimes definidos nos arts. 1º a 3º quando o agente promover o pagamento de tributo ou contribuição social, inclusive acessórios, antes do recebimento da denúncia.

Este dispositivo teve uma efêmera eficácia, pois foi revogado pela Lei nº 8.383, de 30 de dezembro de 1991, contudo, logo restabelecida esta possibilidade pela Lei nº 9.249, de 26 de dezembro de 1995, com sucessivas modificações, porém, manteve a permissibilidade da extinção da punibilidade pelo pagamento, condicionando-a até a data do recebimento da denúncia.

No anexo deste humilde trabalho, apresentamos o art. 14 da Lei nº 8.137/1990, com todas as suas modificações.

Este tópico estaria incompleto se deixássemos à deriva o contido em Súmula do Supremo Tribunal Federal:

> **Súmula nº 560.** A extinção de punibilidade, pelo pagamento do tributo devido, estende-se ao crime de contrabando ou descaminho, por força do art. 18, § 2º, do Decreto-Lei nº 157/1967.

Para a sua exata compreensão, trazemos o comentário de Roberto Rosas (1986, p. 274):

> Esse dispositivo legal permite a extinção da punibilidade quando a imputação for diversa de sonegação fiscal (Lei nº 4.729/1965). Ora, não se caracterizando o contrabando ou descaminho como sonegação fiscal, logo dá-se a extinção. Essa Súmula foi revogada com a edição do Decreto-Lei nº 1.650, de 19 de dezembro de 1970, que diz:
>
> *Art. 1º. O disposto no artigo 2º da Lei nº 4.729, de 14 de julho de 1965, e no art. 18, parágrafo único, do Decreto-Lei nº 157, de 10 de fevereiro de 1967, não se aplica aos crimes de contrabando ou descaminho, em suas modalidades próprias ou equiparadas, nos termos dos parágrafos 1º e 2º do artigo 334 do Código Penal.*

Tem-se, portanto, como inaplicável a Súmula para gerar a extinção da punibilidade pelo pagamento do tributo, embora inócua ante a maciça legislação que permite o pagamento do tributo, antes do recebimento da denúncia, operando a extinção da punibilidade.

Se, porventura o pagamento ocorrer após o recebimento da denúncia, independentemente da discussão das matérias enfocadas neste trabalho, nada impede que o Juiz absolva o contribuinte.

A razão é muito simples: se o crime implica *suprimir* ou *reduzir* o valor do **tributo** devido, uma vez pago integralmente este valor, dá-se a **extinção do crédito** – art. 156, inciso I, do CTN –, portanto, do próprio tributo, evidenciando que a conduta do sujeito passivo foi absorvida pelo pagamento, mesmo feito a destempo.

Com o pagamento extingue-se o crédito e, inexistindo este, não se pode reconhecer a figura delituosa.

V

ATIPICIDADE DOS CRIMES FISCAIS

1. INTRODUÇÃO

Já examinamos, no preâmbulo deste trabalho, que as normas penais descrevem condutas [matar, obter, furtar, ou, como na exposição de nossa proposta, *suprimir* ou *reduzir* o tributo] por meio de dispositivos denominados de **tipos penais** [capítulo II, item 2], os quais possuem características ou elementos próprios, que os distinguem uns dos outros, tornando-os *especiais* – denominados de **elementares do tipo** [capítulo II, item 2.1], merecendo a observação de Cezar Roberto Bitencourt (2003, p. 199), ao descrever:

> (...) geralmente as ações que considera, em tese, delitivas. Tipo é um modelo abstrato que descreve um comportamento proibido. Cada tipo possui características e elementos próprios que os distinguem uns dos outros, tornando-os todos *especiais*, no sentido de serem inconfundíveis, **inadmitindo-se a adequação de uma conduta que não lhes corresponda perfeitamente. Cada tipo desempenha uma função particular, e a ausência de um tipo não pode ser suprida por analogia ou interpretação extensiva.**

Desta lição haurimos, desde logo, que o *tipo*, ao descrever uma conduta delituosa, possui um verbo, que representa uma *ação* ou *omissão*, porém, ao seu lado, encontramos certos **elementos** ou **elementares do tipo**, tornando determinada conduta, como vimos, *especial* em relação à outra.

Nos *crimes fiscais*, aqueles denominados *contra a ordem tributária* ou de *sonegação fiscal*, encontramos as condutas atreladas na elementar **tributo** ou **impostos**.

Vejamos pormenorizadamente.

2. ELEMENTARES DOS CRIMES FISCAIS

2.1. Nos crimes contra a ordem tributária

Para a compreensão inicial da matéria, convém reavivarmos a *definição legal* dos **Crimes contra a Ordem Tributária**, nos moldes do disposto na Lei nº 8.137, de 27 de dezembro de 1990:

Art. 1º. Constitui crime contra a ordem tributária suprimir ou reduzir **tributo**, ou **contribuição social** e qualquer acessório, mediante as seguintes condutas:

I – omitir informação, ou prestar declaração falsa às autoridades fazendárias;

II – fraudar a fiscalização tributária, inserindo elementos inexatos, ou omitindo operação de qualquer natureza, em documento ou livro exigido pela lei fiscal;

III – falsificar ou alterar nota fiscal, fatura, duplicata, nota de venda, ou qualquer outro documento relativo à operação tributável;

IV – elaborar, distribuir, fornecer, emitir ou utilizar documento que saiba ou deva saber falso ou inexato;

V – negar ou deixar de fornecer, quando obrigatório, nota fiscal ou documento equivalente, relativa a venda de mercadoria ou prestação de serviço, efetivamente realizada, ou fornecê-la em desacordo com a legislação.

Pena – reclusão de 2 (dois) a 5 (cinco) anos, e multa

Parágrafo único. A falta de atendimento da exigência da autoridade, no prazo de 10 (dez) dias, que poderá ser convertido em horas em razão da maior ou menor complexidade da matéria ou da dificuldade quanto ao atendimento da exigência, caracteriza a infração prevista no inciso V.

Art. 2º. Constitui crime da mesma natureza:

I – fazer declaração falsa ou omitir declaração sobre rendas, bens ou fatos, ou empregar outra fraude, para eximir-se, total ou parcialmente, de pagamento de tributo;

II – deixar de recolher, no prazo legal, valor de tributo ou contribuição social, descontado ou cobrado, na qualidade de sujeito passivo de obrigação e que deveria recolher aos cofres públicos;

III – exigir, pagar ou receber, para si ou para o contribuinte beneficiário, qualquer percentagem sobre a parcela dedutível ou deduzida de imposto ou de contribuição como incentivo fiscal;

IV – deixar de aplicar, ou aplicar em desacordo com o estatuído, incentivo fiscal ou parcelas de imposto liberadas por órgãos ou entidades de desenvolvimento;

V – utilizar ou divulgar programa de processamento de dados que permita ao sujeito passivo da obrigação tributária possuir informação contábil diversa daquela que é, por lei, fornecida à Fazenda Pública.

Pena – detenção, de 6 (seis) meses a 2 (dois) anos, e multa.

Em nossa modesta ótica, a pertinência deste trabalho tem fundamento, exclusivamente, no *caput* dos referidos dispositivos, tornando dispensável e irrelevante a abordagem de suas figuras, descritas em seus incisos.

Destarte, o dispositivo é composto por *verbos*, que exigem do agente a prática de condutas, de *suprimir* ou de *reduzir*, como *núcleo do tipo*, a sua parte mais significativa, conforme a lição de Aníbal Bruno, lembrada por Damásio Evangelista de Jesus (2003, p. 272), porém, o referido *núcleo*, está vinculado em outro *elemento* do tipo, ou, simplesmente, *elementar*, qual seja, o **tributo** ou a **contribuição social**.

Vê-se, da simples leitura do disposto no art. 1º, que o **núcleo do tipo** [reduzir ou suprimir] está erigido tendo, ao seu lado, as **elementares: tributo** ou **contribuição social**, de grande relevância, como veremos oportunamente, eis que, se ausente a elementar, inexiste a figura criminosa.

A inserção da noção de *tributo* ou de *contribuição social*, colocada ao lado dos elementos objetivos do tipo, proporciona a existência de um juízo de valor dentro da *cognitio* da tipicidade penal, na qual denomina de *anormais* os tipos que as contém, fruto de seu conteúdo diverso dos tipos comuns e obriga o aplicador da norma a transcender o limite de seu conhecimento.

Neste diapasão, é claro, convém relembrarmos as lições hauridas nos bancos de nossas faculdades, envolvendo o **tributo** e suas **espécies**, em razão de que estas noções são aplicadas em todas elas.

2.2. Nos crimes de sonegação fiscal

Antes do advento da Lei nº 8.137, de 27 de dezembro de 1990, editada com a finalidade de definir *"crimes contra a ordem tributária, econômica e contra as relações de consumo"*, impera entre nós a Lei nº 4.729, de 14 de julho de 1965, instituindo *"o crime de sonegação fiscal"*.

A lembrança se faz necessária uma vez que, na mesma trilha deste tema, poderá resgatar alguém que sofreu uma penalização por esta lei, pelo *procedimento* cabível, apresentado nas formas judiciais que amoldam o núcleo deste trabalho.

O legislador de 1965 apresentou uma proposta diversa ao descrever as infrações, mas o vício jurídico, como veremos, também aflora, não tendo se aperfeiçoado:

Art. 1º. Constitui crime de sonegação fiscal:

I – prestar declaração falsa ou omitir, total ou parcialmente, informação que deva ser produzida a agentes das pessoas jurídicas de direito público interno, com a intenção de eximir-se, total ou parcialmente, do pagamento de tributos, taxas e quaisquer adicionais devidos por lei;

II – inserir elementos inexatos ou omitir, rendimentos ou operações de qualquer natureza em documentos ou livros exigidos pelas leis fiscais, com a intenção de exonerar-se do pagamento de tributos devidos à Fazenda Pública;

III – alterar faturas e quaisquer documentos relativos a operações mercantis com o propósito de fraudar a Fazenda Pública;

IV – fornecer ou emitir documentos graciosos ou alterar despesas, majorando-as, com o objetivo de obter dedução de **tributos** devidos à Fazenda Pública, sem prejuízo das sanções administrativas cabíveis;

V – exigir, pagar ou receber, para si ou para o contribuinte beneficiário da paga, qualquer percentagem sobre a parcela dedutível ou reduzida do imposto sobre a renda como incentivo fiscal. *(Inciso V acrescido pela Lei nº 5.569/1969)*

Pena – detenção, de seis meses a dois anos, e multa de duas a cinco vezes o valor do tributo.

Fica, pois, mantida a noção de que aquela norma já adotava a expressão **tributo** como elementar do tipo.

A **conduta típica** anteriormente descrita exige não só a figura prática de **suprimir** ou **reduzir** atreladas, contudo, há um elemento *especial*, denominado de **elementar do tipo**, e, nos *crimes contra a ordem tributária*, ele é denominado, literalmente, **tributo**.

Vejamos, mais uma vez, o surgimento do crédito tributário, que decorre da existência do *lançamento do crédito tributário*, e emana de um *ato privativo da autoridade administrativa competente*.

3. TENTATIVA IMPUNÍVEL

Não se olvide, por outro lado, a previsão emanada do Código Penal, em que (art. 14 com redação dada pela Lei nº 7.209/1984):

Art. 14. Diz-se o crime:

Crime consumado

I – **consumado**, quando nele se reúnem todos os elementos de sua definição legal;

Tentativa

II – **tentado**, quando, iniciada a execução, não se consuma por circunstâncias alheias à vontade do agente.

Pena de tentativa

Parágrafo único. Salvo disposição em contrário, pune-se a tentativa com a pena correspondente ao crime consumado, diminuída de um a dois terços.

Surge aqui uma nuance de grande relevância, pois, para a ocorrência da infração **consumada**, prevista no art. 1º da Lei nº 8.137/1990, imperiosa a reunião de "*todos os elementos de sua definição legal*", portanto, que se "*suprima ou reduza o* **tributo**".

Inobstante, se dentre os pressupostos do tributo encontramos o **lançamento**, que decorre como sendo um "*ato privativo da autoridade administrativa competente*", albergado no art. 142 do CTN, qualquer iniciativa do sujeito passivo ou de terceiro não se amolda na conceituação de lançamento, inexistindo o tributo, e a sua conduta, tendente a suprimir ou reduzir aquele montante, não se consuma, ante a ausência do lançamento, quando se aperfeiçoa a noção de tributo.

Ter-se-á, simplesmente, a modalidade de crime **tentado** – art. 14, inciso II, do CP –, pois, "*iniciada a execução, não se consuma por circunstâncias alheias à vontade do agente*", nunca se adequando ao crime **consumado**, tornando deserta a imputação em face do **crime impossível**, adiante exposto.

Anibal Bruno (1967, p. 239) comenta: "A tentativa é a figura truncada de um crime. Deve possuir tudo o que caracteriza o crime, menos a consumação".

Neste diapasão, portanto, forçoso é reconhecer, a conduta do contribuinte – sujeito passivo – que, em momento algum, completa o ciclo exigido para a configuração do delito, tendo sua atividade voltada para *suprimir* ou *reduzir* o pagamento devido, que não é, tecnicamente, o **tributo**, amoldado na competência da autoridade administrativa, e, por ser uma **elementar** do tipo, sua conduta não constitui crime – é **atípica**.

Não é só, eis que, fruto deste entendimento, isto é, do *crime tentado*, faltando-lhe um dos elementos de sua definição legal, exatamente a **elementar do tipo**, qual seja, inexistindo o **tributo**, inquina a conduta do agente ao reconhecimento de um *crime impossível*.

4. CRIME IMPOSSÍVEL

A conclusão apresentada traz a tiracolo outra afirmação de âmbito estritamente penal, com reflexos na estrutura do próprio crime contra a ordem tributária ou de sonegação fiscal.

Busquemos, de imediato, a existência de um dispositivo, como descreve o *estatuto repressivo*, instituindo:

Crime impossível

Art. 17. Não se pune a tentativa quando, por ineficácia absoluta do meio ou por absoluta impropriedade do objeto, é impossível consumar-se o crime. *(Art. 17 com redação dada pela Lei nº 7.209/1984)*

De fato: a infração descrita nos arts. 1º e 2º da Lei nº 8.137/1990, como já vimos, criou uma **elementar** – **tributo**.

Voltamos a ressaltar que os pressupostos da existência do **tributo**, são: **lei, fato gerador** e **lançamento**.

Qualquer iniciativa do sujeito passivo, objetivando a conduta descrita no **tipo** penal – **suprimir ou reduzir** –, em momento algum se tornará consumada, em face de que o **lançamento** é da atribuição exclusiva – competência privativa – da autoridade administrativa, que, desta forma, ao constituir o crédito tributário, exigirá o pagamento dos valores *suprimidos* ou *reduzidos*, conforme determina o próprio Código Tributário Nacional, em seu art. 150, § 3º, como vimos.

Portanto, em todos os momentos a conduta subordina-se ao ato da autoridade administrativa competente, permanecendo, assim, na esfera da mera **tentativa impunível**, por ser *"impossível a sua consumação"*.

A construção Pretoriana, como assentam Alberto Silva Franco e Rui Stoco (1997, p. 258), perfilham o seguinte entendimento:

> Há crime impossível quando o meio empregado é absolutamente ineficaz, notadamente se desde o início da *mise-en-scène* a vítima percebeu que se tratada de uma malandragem do agente. A lei penal brasileira, seguindo o exemplo do Código e dos doutrinadores italianos, adotou o critério objetivo, de sorte que o fato é impunível mesmo quando o agente esteja convencido de que os meios por ele usados eram aptos para conseguir o desiderato.

A conduta do agente é absorvida pela atuação da autoridade fiscal, que, ao promover o lançamento do crédito definitivamente constituído – diga-se com a inscrição na dívida ativa – surge o **tributo**, em cuja oportunidade se perfaz o devido pressuposto do gravame, e, todas as condutas anteriormente praticadas deixam de se amoldar na noção do crime fiscal, pois, antecedentes ao nascimento da exigência jurídica, deixam de ser punida, na esteira do art. 17 do Código Penal.

Aliás, no âmbito do Direito Tributário, sendo o lançamento um ato de "*ofício*", inerente às funções da autoridade administrativa, a quem a lei impõe o dever de constituir o crédito tributário [sob pena de responsabilidade funcional – parágrafo único do art. 142 do CTN], não se pode reconhecer a conduta delituosa ao sujeito passivo, contribuinte ou terceiro interessado.

4.1. Auto de Infração e Imposição de Multa: AIIM

Sempre que a autoridade administrativa competente apurar, qualquer que seja a *modalidade* do lançamento, que o sujeito passivo deixou de atender a exigência legal, dará início, unilateralmente, a adoção de atos preparatórios indispensáveis para esta finalidade, surgindo um "procedimento administrativo tendente a verificar a ocorrência do fato gerador da obrigação correspondente, determinar a matéria tributável, calcular o montante do tributo devido, identificar o sujeito passivo, e sendo o caso, propor a aplicação da penalidade cabível", como descreve o *caput* art. 142 do Código Tributário.

Pode ocorrer que se torne indispensável a "*fiscalização*" nos livros e documentações, nas "*declarações*" prestadas pelo sujeito passivo [estas de duvidosa constitucionalidade, como apontamos], enfim, esta atividade pode encerrar-se num único ato ou depender da prática de inúmeros deles, até o seu término, apontando, desde logo, um "*montante hipotético*" do tributo devido.

Diz-se "*hipotético*" porque, a partir deste momento, dar-se-á a "*notificação*" do sujeito passivo – art. 145, do Código Tributário, para, impugná-lo, fruto do disposto no art. 5º, inciso LV, da Carta de Princípios – adotando-se a *ampla defesa e o contraditório* –, no prazo de 30 dias, sob pena de, não o fazendo, é claro, admitir a sua veracidade.

4.2. Crime impossível e concurso de crimes

Seria uma heresia sustentarmos a ocorrência do **crime impossível** em matéria fiscal e admitir seu vínculo com o conteúdo do crime *formal*, ou *material* e, até mesmo, do *crime continuado*.

Vimos que estas modalidades de crimes estão embutidas no Título V, do Estatuto Penal, que versa sobre as **penas** aplicáveis; contudo, sendo a figura principal completamente atípica, não se cogita a imposição de qualquer constrição.

5. O STF E OS CRIMES FISCAIS

O Supremo Tribunal Federal, em sessão plenária realizada no dia 10 de dezembro de 2003, julgou o HC 81.611, do qual foi relator o em. Min. Sepúlveda Pertence, vencidos os Ministros Ellen Gracie, Joaquim Barbosa e Carlos Britto, assentou:

I. Crime material contra a ordem tributária (Lei nº 8.137/1990, art. 1º): lançamento do tributo pendente de decisão definitiva do processo administrativo; falta de justa causa para a ação penal, suspenso, porém, o curso da prescrição enquanto obstada a sua propositura pela falta do lançamento definitivo.

1. Embora não condicionada a denúncia à representação da autoridade fiscal (ADInMC 1571), falta justa causa para a ação penal pela prática do crime tipificado no art. 1º da Lei nº 8.137/1990, – que é material ou de resultado –, enquanto não haja decisão definitiva do processo administrativo de lançamento, quer se considere o lançamento definitivo uma condição objetiva de punibilidade ou um elemento normativo do tipo.

2. Por outro lado, admitida por lei a extinção da punibilidade do crime pela satisfação do tributo devido, antes do recebimento da denúncia (Lei nº 9.249/1995, art. 34), princípios e garantias constitucionais eminentes não permitem que, pela antecipada propositura da ação penal, se subtraia do cidadão os meios que a lei mesma lhe propicia para questionar, perante o Fisco, a exatidão do lançamento provisório, ao qual se devesse submeter para fugir ao estigma e às agruras de toda sorte do processo criminal.

3. No entanto, enquanto dure, por iniciativa do contribuinte o processo administrativo suspende o curso da prescrição da ação penal, pelo crime contra a ordem tributária que depende de lançamento definitivo.

Pinçamos do V. Aresto, algumas posturas relevantes, alicerçando noções inovadoras, para alguns, no mundo do Direito, como:

5.1. Crime material

Pelo voto do eminente Min. Relator Sepúlveda Pertence, explanou-se a respeito do crime material, reconhecendo:

> 45. Com efeito. Certo que o crime se consuma com o evento *supressão* ou *redução* do tributo e no momento em que se verifiquem, uma visão ortodoxamente *declarativista do lançamento*, quiçá pudesse ser chamada em tese, para sustentar a *retroação* de sua eficácia e ao tempo do fato gerador, que coincidiria com o aperfeiçoamento do delito e consequente viabilidade da ação penal. (...)

À incriminação e à efetiva repressão penal dos crimes contra a ordem tributária, na lei vigente, não se podem atribuir inspirações éticas, na medida mesma em que se admite a extinção de sua punibilidade pela satisfação do tributo devido: a construção da sanção penal, assim, no contexto, o significado moralmente neutro de técnica auxiliar da arrecadação.

Dentro desta ótica, afirmou o Min. Joaquim Barbosa:

> Observa-se que o resultado naturalístico é descrito no próprio tipo, o que a doutrina classifica esses crimes como crimes de resultado (de danos ou materiais).

Afasta-se, desta maneira, quem ouse reconhecer que estamos frente à fatos em que basta a *"mera conduta"* ou o simples enquadramento da conduta na norma, emoldurando-a como *"formal"*, para a tipificação da infração.

5.2. Ampla defesa e contraditório administrativos

Emerge do voto do Min. Sepúlveda Pertence, ainda:

> O que, no entanto – como já longamente se demonstrou, em particular no voto do Min. Jobim – princípios e garantias constitucionais eminentes decididamente não permitem e que, pela antecipada instauração da ação penal se subtraia do cidadão os meios que a lei mesma lhe propicia para questionar, perante o Fisco, a exatidão do lançamento provisório a

que se devesse submeter para fugir do estigma e às agruras de toda sorte do processo criminal.

Fruto desta realidade, não podemos deixar de ressaltar que, em qualquer situação de exigência fiscal, mesmo aquelas decorrentes da declaração "*espontânea*" do sujeito passivo – suscitada nos itens 20.1, 20.2 e 21 – sujeitam-se ao devido processo legal, na esfera administrativa, após regular notificação do sujeito passivo, para dar azo à constituição definitiva do crédito tributário, após esgotados todos os prazos recursais previstos na legislação.

5.3. Constituição definitiva do crédito

O Min. Cezar Peluso, por outro lado, condimentou:

> Não há nenhuma dúvida, portanto, de que é a definitividade do lançamento, com a consequente constituição definitiva do crédito, como preceitua a norma, que lhe dá origem à pretensão. Antes disso não há pretensão fiscal, porque não há obrigação exigível. Mais do que isso, o Fisco não tem ainda ação, pretensão, nem direito subjetivo, e é essa a razão manifesta por que o CTN os resguarda, em não permitir que, antes da exigibilidade do crédito, princípio a correr a prescrição da ação civil (*rectius*, a pretensão civil, que ainda não nasceu).

Observa-se, contudo, que não se visualizou o momento da constituição definitiva do crédito, ocorrendo logo após esgotados todos os meios, previstos em lei, para que nele se opere, ou seja, a partir da sua inscrição na dívida ativa.

5.4. Tributo: elementar do tipo

A afirmação foi proferida pelo Min. Cezar Peluso:

> Prefiro, por simplificação, identificar a referência do texto a *tributo*, no caso, como elemento normativo do tipo (...).

Restou aparada as arestas sobre o ponto anteriormente afirmado, de que na expressão "*suprimir* ou *reduzir* **tributo**", fica ele atrelado aos verbos descritos no dispositivo, integrando o tipo penal, resultando, como natural conclusão de que, se ele está afeto à competência da autoridade administrativa competente, esta atividade absorve a conduta do sujeito passivo.

5.5. Consumação do crime fiscal

Extrai-se do voto do Min. Carlos Velloso:

> Ora, o crime de sonegação fiscal – "suprimir ou reduzir tributo" – inscrito no art. 1º da Lei nº 8.137, de 1990, só se consuma no momento em que a autoridade administrativa, incumbida do lançamento, diz, em definitivo, que houve supressão ou redução do tributo. Isso só ocorre com o lançamento ou com a constituição definitiva do crédito fiscal. É a partir daí, portanto, que se tem a consumação do crime; é a partir daí que começa a correr a prescrição para o MP.

É do Min. Cezar Peluso, ainda, a lição:

> Dito doutro modo, enquanto não estiverem integrados todos os elementos do tipo penal, não adianta fazer processo do nada, porque o fato que for provado será sempre atípico.

Estas posturas, culminando com a prolação do V. Aresto, ensejam a conclusão que sempre sustentamos, de que não basta a simples constituição do crédito para considerá-lo definitivo, enquanto não forem esgotadas todas as instâncias da Administração Fazendária.

Não é só. Findos todos os prazos admitidos em lei, o valor apurado necessita ser depurado, como um verdadeiro ato *saneador*, para extirpar todos os seus eventuais vícios, tornando-o *líquido*, *certo* e *exigível*, até para sediar a pretensão fiscal, conforme já afirmamos.

5.6. Constituição definitiva do crédito:
Prescrição da pretensão punitiva

O exercício da *garantia* constitucional, no âmbito administrativo, da ampla defesa e do contraditório, quando o sujeito passivo entra em luta contra o lançamento do crédito tributário, gera, inicialmente, a *suspensão da prescrição criminal*, enquanto flui a *decadência para o crédito tributário*.

Aliás, a ementa deste Acórdão aclarou perfeitamente:

> 3. No entanto, enquanto dure, por iniciativa do contribuinte o processo administrativo suspende o curso da prescrição da ação penal, pelo crime contra a ordem tributária que depende de lançamento definitivo.

5.7. Considerações derradeiras

Os Ínclitos Ministros do Supremo Tribunal Federal oferecem, mais uma vez, verdadeiras aulas sobre o Direito, porém, olvidaram, dois pontos: a competência privativa da autoridade administrativa absorve a conduta do sujeito passivo e torna o *crime impossível*, como descreve o art. 17 do Código Penal.

6. CRIME MEIO E CRIME FIM

Pela simples leitura do art. 1º da Lei nº 8.137/1990, vê-se que foram eleitas inúmeras figuras que dão suporte a intenção final do sujeito passivo do dever fiscal, para *suprimir* ou *reduzir* o pagamento do tributo, em **conexão consequencial**.

Damásio Evangelista de Jesus (2003, p. 215), novamente é chamado para nos socorrer, aliás, o que nos tem feito desde o segundo ano da Faculdade de Direito de Bauru, esclarecendo:

> Existe conexão consequencial (ou causal) quando um crime é cometido para assegurar a ocultação, a impunidade ou **vantagem de outro**. [*Grifo nosso*]

Ora, a intenção do agente é, na verdade, praticar um *crime fim*, obtendo a *supressão* ou *redução* do pagamento do tributo; contudo, para tanto, existe uma prévia conduta que, por si só, se afigura como criminosa, surgindo, então as seguintes condutas, descritas na Lei nº 8.137/1990, em seu art. 1º:

I – **omitir** informação, ou **prestar declaração falsa** às autoridades fazendárias;

II – **fraudar** a fiscalização tributária, **inserindo elementos inexatos**, ou **omitindo operação de qualquer natureza**, em documento ou livro exigido pela lei fiscal;

III – **falsificar** ou alterar nota fiscal, fatura, duplicata, nota de venda, ou qualquer outro documento relativo à operação tributável;

IV – elaborar, distribuir, fornecer, emitir ou utilizar documento que saiba ou deva saber falso ou inexato;

V – negar ou deixar de fornecer, quando obrigatório, nota fiscal ou documento equivalente, relativa a venda de mercadoria ou prestação de serviço, efetivamente realizada, ou fornecê-la em desacordo com a legislação.

Verifica-se, também, no art. 2º, a prática das mesmas condutas, como antecedentes, objetivando:

I – **fazer declaração falsa ou omitir declaração sobre rendas**, bens ou fatos, ou empregar outra fraude, para eximir-se, total ou parcialmente, de pagamento de tributo;

II – deixar de recolher, no prazo legal, valor de tributo ou contribuição social, descontado ou cobrado, na qualidade de sujeito passivo de obrigação e que deveria recolher aos cofres públicos;

III – exigir, pagar ou receber, para si ou para o contribuinte beneficiário, qualquer percentagem sobre a parcela dedutível ou deduzida de imposto ou de contribuição como incentivo fiscal;

IV – deixar de aplicar, ou aplicar em desacordo com o estatuído, incentivo fiscal ou parcelas de imposto liberadas por órgãos ou entidades de desenvolvimento;

V – utilizar ou divulgar programa de processamento de dados que permita ao sujeito passivo da obrigação tributária possuir informação contábil diversa daquela que é, por lei, fornecida à Fazenda Pública.

Apura-se que há um *primum delictum*, fruto das condutas de *omitir*, *prestar declaração falsa*, *fraudar*, *falsificar*, dentre outras, que antecipam a intenção do agente, que é a *supressão* ou *redução* do tributo.

Em face do ponto de vista defendido neste trabalho, ante a **atipicidade** do **crime fim** – **suprimir** ou **reduzir o tributo** – sujeitam aquelas condutas iniciais, na incidência penal? Constituem crimes?

Devemos buscar, para justificar uma resposta, a previsão emanada no Código Penal (art. 18 com a redação dada pela Lei nº 7.209/1984):

> Art. 18. Diz-se o crime:
>
> **Crime doloso**
>
> I – doloso, quando o agente quis o resultado ou assumiu o risco de produzi-lo;
>
> **Crime culposo**
>
> II – culposo, quando o agente deu causa ao resultado por imprudência, negligência ou imperícia.
>
> Parágrafo único. Salvo os casos expressos em lei, ninguém pode ser punido por fato previsto como crime, senão quando o pratica dolosamente.

Assim, só são puníveis as condutas **dolosas**, salvo as que, expressamente, o *estatuto* as enumera, concomitantemente, como culposas e o agente tenha obrado com imprudência, negligência e imperícia.

No caso dos crimes contra a ordem tributária, inconscientemente, o agente objetiva desonerar-se, total ou parcialmente, do gravame tributário, para o qual, torna-se secundária a figura do *primum delictum*.

O agente, portanto, não quer praticar o *falsum*, porém, ele é o trampolim para o seu desiderato: o crime fiscal.

Admitida como válida a noção da **atipicidade dos crimes fiscais**, não remanescem aqueles por ausência de dolo; o agente não os quis praticá-los.

Portanto, o *crime meio* não pode subsistir isoladamente sem que exista o crime fim.

VI

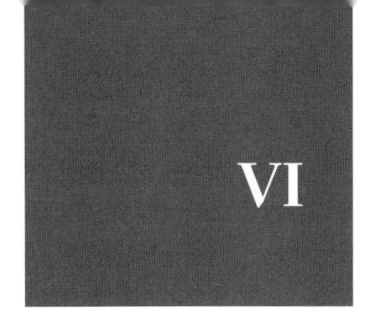

DIREITO PENAL ADMINISTRATIVO TRIBUTÁRIO

1. JUSTIFICATIVA DA TERMINOLOGIA

Ao efetuarmos as adesões dos vários ramos esparsos do direito, surgem pontos entre eles, proporcionando as ilações de novos segmentos, como no verbete apresentado anteriormente, envolvendo as noções contidas no Direito Penal [conceituação de crime, tipo penal, elementares do tipo, do crime tentado e do crime consumado, da extinção da punibilidade, dentre as quais a prescrição, decadência etc.], a serem apuradas pela autoridade fiscal, portanto, subordinando-se ao Direito Administrativo [noção de ato administrativo vinculado e obrigatório, atuação *ex officio* da autoridade, responsabilidade administrativa, notificação, apuração das provas requeridas pelo contribuinte, apreciar e decidir as impugnações e recursos, conceder o parcelamento fiscal, efetuar transação, reconhecer a compensação de créditos etc.], em decorrência das regras emanadas no Direito Tributário, para a constituição do crédito tributário [fato gerador, lançamento, obrigação principal ou acessória], enfim um intenso lastro de elos entre os vários ramos do Direito.

2. CRIME FISCAL E INFRAÇÃO ADMINISTRATIVA

Há um *direito* emoldurando as *infrações*, com arrimo no *tributo*, apuradas, exclusivamente, no âmbito do *erário*, logo, da Administração

Pública, em face do **lançamento de ofício por homologação**, como já examinamos, fruto dos dispositivos contidos no Código Tributário Nacional, cuja transcrição, mais uma vez, é inteiramente válida:

> **Art. 150.** O lançamento por homologação, que ocorre quanto aos tributos cuja legislação atribua ao sujeito passivo o **dever de antecipar o pagamento sem prévio exame da autoridade administrativa**, opera-se pelo ato em que a referida autoridade, **tomando conhecimento da atividade** assim exercida pelo obrigado, expressamente a **homologa**.
>
> § 1º. O pagamento antecipado pelo obrigado nos termos deste artigo extingue o crédito, sob condição resolutória da ulterior homologação ao lançamento.
>
> § 2º. Não influem sobre a obrigação tributária quaisquer atos anteriores à homologação, praticados pelo sujeito passivo ou terceiro, visando à extinção total ou parcial do crédito.
>
> § 3º. Os atos a que se refere o parágrafo anterior serão, porém, considerados na apuração do saldo porventura devido e, sendo o caso, na imposição de penalidade, ou sua graduação.

Cabe, portanto, à autoridade administrativa competente, cotejando o montante recolhido, voluntariamente, pelo sujeito passivo, sem que, para tanto, houvesse o seu prévio exame no âmbito Fiscal, com um eventual montante, apurado posteriormente, pela Fazenda Pública, por meio da documentação pertinente – livros contábeis, notas fiscais etc. – apurando-se o real montante devido, e, sendo o caso, propor a **penalidade** em face da conduta do contribuinte.

Ressalte-se que, sobre o mencionando dispositivo, Ives Gandra da Silva Martins (1998, p. 189-209), com seu vasto cabedal de conhecimentos jurídicos e tributários, alicerça seu ponto de vista, alargando a aplicação da matéria, assim condimentando esta previsão:

> Se houver divergência entre os critérios de necessidade adotados pelo empresário e os adotados pelo agente fiscal na lavratura de auto de infração, **a diferença entre o tributo pretendido e o recolhido não configura crime. Ainda que comprovada a procedência da exigência fiscal, configura-se, no máximo, infração administrativa, sujeita à penalidade pecuniária.** [Grifos nossos]

Fruto desta previsão, portanto, afasta-se o *crime contra a ordem tributária*, renascendo, meramente, uma *infração* de natureza *administrativa* fiscal, com a incidência, apenas e tão somente, de uma *penalidade pecuniária*, se, para aquela conduta houver a sua previsão legal, indicando mais um anexim jurídico – *nullum crimen fiscus, nulla poena sine praevia lege*.

O § 4º do artigo em comento fixa o prazo desta atuação da autoridade administrativa, sob pena da homologação tácita:

§ 4º. Se a lei não fixar prazo à homologação, será de 5 (cinco) anos, a contar da ocorrência do fato gerador; expirado esse prazo sem que a Fazenda Pública se tenha pronunciado, considera-se homologado o lançamento e definitivamente extinto o crédito, salvo se comprovada a ocorrência de dolo, fraude ou simulação.

Sylvio do Amaral (2000, p. 110) pertinente, acrescenta:

Exatamente assim é em face do nosso Direito Positivo. Só comete ilícito punível quem procura fraudar o Fisco mediante recurso criminoso; se puder valer-se de manobra não incluída na lei penal, sujeitar-se-á apenas às sanções fiscais cabíveis. A conclusão nada tem, em verdade, de paradoxal: também o fato de atribuir-se à uma mulher idade diversa da verdadeira não constitui, *per se stante*, ilícito penal; mas se isso for feito através de uma petição de registro extemporâneo de nascimento, com o fim de alterar a verdade sobre fato juridicamente relevante, a hipótese será caracteristicamente de *crimen falsi*.

As lições aqui apresentadas, efetivamente, esbarram na postura a ser exposta, quanto a *atipicidade penal* das condutas, porém, constitui reforço substancial na postura que resultaria, unicamente, infração de natureza meramente administrativa.

VII

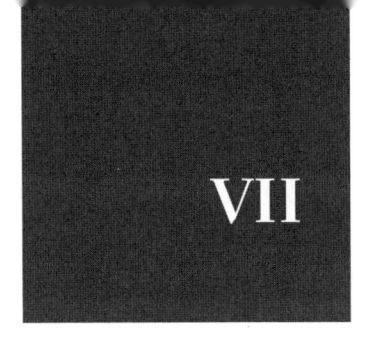

DIREITO TRIBUTÁRIO CONSTITUCIONAL

1. OBRIGAÇÕES ACESSÓRIAS: INCONSTITUCIONAIS

1.1. Declarações prestadas pelo contribuinte: Eficácia de veracidade – Inconstitucionalidade

Fruto dos resquícios adotados através dos tempos, a Fazenda Pública assenhorou-se e acomodou-se, em suas funções e atribuições legais, inoculando na legislação fiscal algumas obrigações, denominadas de *acessórias* – art. 113 do CTN, as quais têm *como objeto as prestações positivas ou negativas no interesse da arrecadação e fiscalização dos tributos*, impondo ao sujeito passivo o atendimento de exigências fiscais.

Assim, a sobrevivência de uma pessoa jurídica de direito privado, simples ou complexa, depende de registros de suas operações, impondo-se desde a escrituração contábil, por meio dos livros indispensáveis, na apuração dos lucros e perdas, de seu movimento econômico, de interesse da fiscalização tributária [registro de entradas, de saídas, de apuração do tributo, dentre outros], na elaboração de balancetes, de balanços, emissão de notas fiscais, rotulagem, aquisição de selos de controle, balizadas por normas jurídicas e administrativas.

Dentro destas exigências, algumas surgem e são consideradas imutáveis perante o Direito Tributário, como a entrega da *declaração de informações econômico-fiscais* da pessoa jurídica – DIPI, ou a *declaração de débitos e créditos tributários federais* – DCTF, ou a *declaração simplificada da pessoa jurídica*, ou, ainda, a própria *declaração de renda*, no âmbito federal, e, nos Estados a famosa *GIA*, ou qualquer que seja sua denominação, conforme o disposto em sua legislação.

O entendimento reinante é salientado por Samuel Monteiro (1983, p. 107), onde:

> Se o contribuinte declara, espontaneamente, o valor do crédito tributário, na Guia de Informação e Apuração do ICM; ou, na DIPI (IPI); somente através de Reconstituição de Escrita e Revisão Contábil-Fiscal, que envolve Auditoria Contábil-Fiscal, privativa do Contador habilitado no CRC, é que poderá, demonstrando erro de fato, propor a revisão e a retificação daquilo que informou ao Fisco. Sem efetuar esta Revisão Contábil, *a priori*, e demonstrar o erro em que incorreu, seja nas Notas Fiscais, seja na escrituração dessas no Livro de Registro de Entradas e de Saídas e no Registro de Apuração do ICM ou IPI, não poderá pleitear qualquer medida administrativa ou judicial, **porque o débito que declarou espontaneamente equivale a uma confissão de dívida líquida e certa feita, espontaneamente, pelo próprio devedor ao credor** (pelo sujeito passivo da obrigação tributária – contribuinte – ao sujeito ativo da obrigação tributária – o fisco). [*Grifos nossos*]

Este também é o entendimento de nossas Cortes Superiores, como se vê do V. Aresto da Colenda Segunda Turma do Superior Tribunal de Justiça, da lavra do em. Ministro Humberto Martins:[17]

> 4. É assente o entendimento nesta Corte, no sentido de que, "em se tratando de tributo lançado por homologação, tendo o contribuinte declarado o débito através de Declaração de Contribuições de Tributos Federais – DCTF, Guia de Recolhimento do Fundo de Garantia do Tempo de Serviço e Informação à Previdência Social – GFIP ou documento equivalente e não pago no vencimento, considera-se desde logo constituído o crédito tributário, tornando-se dispensável a instauração do procedimento administrativo e respectiva notificação prévia". (REsp 739.910/SC – Rel. Ministra Eliana Calmon – 2ª Turma – j. em 12.6.2007 – DJ de 29.6.2007).

Há quem, entretanto, não comungue com estes ensinamentos.

Aliás, como já ressaltamos [capítulo V, item 5], o Plenário do STF decidiu, conforme voto proferido pelo Min. Sepúlveda Pertence, relator do HC 81.611, ainda:

---

17. AgRg no Ag 1.374.936/SP, *DJe* de 21.09.2011.

O que, no entanto – como já longamente se demonstrou, em particular no voto do Min. Jobim – princípios e garantias constitucionais eminentes decididamente não permitem e que, pela antecipada instauração da ação penal se subtraia do cidadão os meios que a lei mesma lhe propicia para questionar, perante o Fisco, a exatidão do lançamento provisório a que se devesse submeter para fugir do estigma e às agruras de toda sorte do processo criminal.

Inúmeras são as exigências fiscais, correspondentes às *obrigações acessórias*, descritas no art. 113 do CTN e na legislação extravagante; naquelas, "*pelo simples fato de sua inobservância, converte-se em obrigação principal relativamente a penalidade pecuniária*", descritas nas normas tributárias, estas, como descreve o parágrafo único do art. 1º da Lei nº 8.137/1990, quando a "*falta de atendimento da exigência da autoridade, no prazo de 10 (dez) dias, que poderá ser convertido em horas em razão da maior ou menor complexidade da matéria ou da dificuldade quanto ao atendimento da exigência, caracteriza a infração prevista no inciso V*".[18]

Vê-se, desde logo, que o cumprimento destas exigências não são espontâneas, voluntárias; porém, são medidas coercitivas, pois, se não atendidas, implicam impor uma constrição [pecuniária ou privativa de liberdade].

Destarte, o sujeito passivo, para não incidir na falta, atende a exigência, objetivando, posteriormente, impugnar o conteúdo da matéria, por envolver aspectos tributários, aguardando, assim, a oportunidade de impugnar a *imposição*, em seguida a sua notificação – art. 145 do CTN.

Outro aspecto relevante a ser abordado, decorreria da quebra do dogma do **contraditório** e da **ampla defesa**, cuja vedação impediria o seu exercício por parte do sujeito passivo, eventualmente, levado a efetuar a *declaração* para não incidir nas sanções peculiares.

Acresce ponderar, ainda, que diretamente retira-se do sujeito passivo a discussão dos temas na esfera administrativa, afrontando o entendimento do Plenário do Supremo Tribunal Federal.

---

18. Art. 1º. Constitui crime contra a ordem tributária *suprimir* ou *reduzir* tributo, ou contribuição social e qualquer acessório: (...) V – **negar** ou **deixar de fornecer**, quando obrigatório, nota fiscal ou documento equivalente, relativa a venda de mercadoria ou prestação de serviço, efetivamente realizada, ou fornecê-la em desacordo com a legislação. Pena – reclusão, de 2 (dois) a 5 (cinco) anos, e multa.

1.2. Exigência fiscal: Inconstitucionalidade

Existe, ainda, a possibilidade de se imputar ao sujeito passivo, ao contribuinte, a prática da infração descrita no art. 1º, inciso V, da Lei nº 8.137/1990, a qual pode ser impugnada inicialmente, em face de sua redação, como se vê da nota anterior.

Frise-se que, após a atenta compreensão, a bem da verdade, este dispositivo fere outro princípio encartado em nossa Lei Maior.

Independentemente de nossa postura doutrinária envolvendo o *caput* do dispositivo em comento, noção a ser exposta oportunamente, a solução da pretensão penal, nestes casos, em nossa opinião, em qualquer exigência fiscal não encontra ressonância na Constituição, tornando imprescindível a transcrição do V. Aresto, emanado do Supremo Tribunal Federal [*DJU* de 14.11.1997, p. 58.767] da lavra do em. Min. Ilmar Galvão (FRANCO, 1997, p. 1.834), paradigma deste ponto:

> Habeas Corpus. Paciente condenado pelos crimes dos arts. 329, *caput*, e 129, *caput*, do CP. Prerrogativa constitucional que confere ao acusado o direito do silêncio.
>
> O acusado tem o direito de permanecer em silêncio ao ser interrogado, em virtude do princípio constitucional ***nemo tenetur se detegere*** (art. 5º, LXIII), não traduzindo esse privilégio **autoincriminação**. (...)

Vigora, portanto, no cotidiano jurídico "o direito de permanecer em silêncio" – ***nemo tenetur se detegere***, dogma que implica admitir que este privilégio gera outro princípio, além de não se reconhecer, como tal, a **autoincriminação**, em benefício da **autodefesa**.

Surge, desta afirmação, outra verdade jurídica, tendo, como decorrência, **a impossibilidade da autoincriminação**, isto é, de uma *"pessoa fazer prova contra si mesma"*.

Nemo tenetur se detegere.

Condimente-se que, Alexandre de Morais (2006, p. 397), ao cuidar do **dogma da presunção de inocência**, previsto no art. 5º, inciso LVII, da Constituição Federal, louvou-se no entendimento do Excelso Pretório, como aponta o V. Aresto, da lavra do eminente Ministro Celso de Melo:

Nenhuma acusação penal presume provada. Não compete ao réu demonstrar a sua inocência. Cabe ao MP comprovar, de forma inequívoca, a culpabilidade do acusado. Já não mais prevalece, em nosso sistema de direito positivo, a regra, que, em dado momento histórico do processo político brasileiro (Estado Novo) criou, para o réu, com falta de pudor que caracteriza os regimes autoritários, a obrigação de o acusado provar a sua própria inocência (Decreto-Lei nº 88, de 20.12.1937). [RTJ 161/264]

Na esteira deste ensinamento, vê-se mais uma razão para afastar a exigência fiscal, lastrada no inciso V do art. 1º da Lei nº 8.137/1990.

Esta abordagem, na exigência de obrigações tributárias acessórias e outras, implica que o sujeito passivo se desnude perante a Fazenda Pública em matéria fiscal, possuindo vários outros desdobramentos, por sinal, contemplada em nosso modesto Direito Tributário (BARROS, 2008, p. 254), merecendo sua transcrição, para facilitar a pesquisa.

A Constituição Federal adotou, no art. 5º, inciso LXIII: "*o preso será informado de seus direitos, entre os quais o de permanecer calado, sendo-lhe assegurada a assistência da família e de advogado*".

Expressamente, portanto, a Constituição adotou o princípio do *direito do silêncio*, contudo, implicitamente, encontramos outro aspecto:

"*RECURSO DE HABEAS CORPUS. Constitucional. Processual Penal. Indiciamento. Acusado. Silêncio. O indiciado ou o acusado não pode ser compelido a trazer elementos para a sua condenação. Tem o direito de 'permanecer calado' (Constituição, art. 5º, LXIII).*" (STJ – 6ª T – RHC 6.756 – Rel. Min. Luiz Vicente Cernicchiaro – j. 20.10.1997 – JSTJ e TRF – *Lex* 106/336).

Ainda:

"*Com base no princípio que concede ao réu o privilégio contra a autoincriminação, a Turma deferiu, em parte, habeas corpus para, mantendo a medida liminar, assegurar ao acusado da suposta prática do crime previsto no art. 14 da Lei nº 6.368/1976 – cuja denúncia fora oferecida com base em provas obtidas por meio de escuta telefônica realizada pela Polícia Federal – o direito de permanecer em silêncio em exame de perícia de confronto de voz.*" (STF – 1ª T. – HC 83.096 – Rel. Min. Ellen Gracie – j. em 18.11.2003 – *Inf. STF* 333 e *DJU* 12.12.2003, p. 289).

Há o dogma expresso: direito do silêncio; extrai-se, contudo, que implicitamente vislumbramos o princípio do privilégio contra a autoincriminação. Não podendo ser compelido a fazer prova contra si mesmo.

No Direito Tributário várias são as obrigações exigidas do sujeito passivo, como as acessórias que, na verdade, têm o condão de indicar um ilícito tributário – porque o *lícito* seria o seu atendimento – e, assim, o contribuinte estaria fazendo prova contra si mesmo, estaria se *autoincriminando*, porém, deixando de atender a determinação se sujeita a imposição de uma multa, que esbarra neste princípio, a qual passa a ter o contorno, por sua inconstitucionalidade de confisco.

Não é só: no *lançamento de ofício por homologação*, a ser examinado oportunamente, o contribuinte deve *antecipar o pagamento*, sujeitando-se em algumas exigências, como efetuar a *Declaração de Contribuições de Tributos Federais – DCTF*, ou as *Informações Econômico-Fiscais* ou a *Declaração do Movimento Econômico*, adotados em alguns Estados, ou mesmo a *Informação Mensal ao INSS de dados relacionados aos fatos geradores de contribuições previdenciárias e de outras informações de interesse do INSS*.

Ocorre que, muitas vezes, o sujeito passivo se vê compelido a cumprir uma exigência, sem exercer o *contraditório* e a *ampla defesa*, até se autoincriminando, contrariando, para, quando da constituição do crédito tributário, a ser verificar com o lançamento – que é privativo da autoridade administrativa, art. 142, possa apresentar a sua impugnação – sua defesa administrativa, art. 145, até mesmo contra suas próprias declarações, estando assim, impedido de agir, suprimindo-lhe a instância administrativa.

Ao ser mantida esta postura jurisprudencial, dentro destas considerações, inexiste razão para o contribuinte promover a sua autoincriminação na esfera administrativa, no cumprimento das obrigações acessórias, com a imposição de inúmeras medidas constritivas, penas pecuniárias, indevidas e de cunho confiscatório.

Assim, a pretensão punitiva, com arrimo no art. 1º, inciso V, da Lei nº 8.137/1990, não tem o condão de prosperar, pois, sob este ângulo é de flagrante **inconstitucionalidade**, ousando repetir: *"não se pode exigir que uma pessoa faça prova contra si mesma"*.

Há a necessidade, portanto, de serem revistos os temas, quer pela orientação doutrinária quer pela jurisprudencial, para, finalmente, atingir o próprio Fisco.

VIII

DIREITO PROCESSUAL [PENAL – CIVIL] TRIBUTÁRIO

1. GARANTIAS CONSTITUCIONAIS

Em nível de exigibilidade do crédito tributário, a Lei nº 6.830, de 22 de setembro de 1980, ao cuidar da *execução fiscal*, permite que o executado discuta, após a penhora de bens, portanto, com a *garantia do juízo*, a exigibilidade do crédito através dos embargos à execução fiscal.

Admite-se, ainda, a *arguição da exceção de preexecutividade*, de natureza jurídica cognitiva desconstitutiva, uma vez proposta a execução fiscal, e, não resultando frutífera a penhora de bens, lastrada na seguinte argumentação, aliás, já deduzida perante o Poder Judiciário.

1.1. Exceção de preexecutividade

Os teóricos praxistas do Direito Processual Civil criaram, sob o reflexo dos arts. 618 e 620, a possibilidade de, iniciada a execução, poder ocorrer a arguição da *preexecutividade*, a qual é admitida para que o devedor, independentemente do oferecimento de embargos à execução – que pressupõe a segurança do juízo, com a "penhora" [art. 737, o qual, embora *revogado*, a regra é mantida por força do contido no art. 16 da Lei nº 6.830/1980] –, se opondo àquela medida, que se ressentisse de qualquer um de seus pressupostos.

Nesta esteira, merece transcrição o escólio doutrinário de Ernani Contipelli (2006, p. 180-94):

> O instituto da exceção de preexecutividade apresenta-se como um espaço nebuloso perante a Teoria Geral do Processo. Carente de maiores considerações científicas e de uma legislação específica, em razão de sua recente inserção no ordenamento jurídico atual, a exceção de preexecutividade gera dúvidas, incertezas no que diz respeito ao seu exato campo de aplicação, o que nos remete ao Texto Supremo, para apontarmos as diretrizes constitucionais que atuam diretamente nas suas possíveis hipóteses de cabimento.

Após tintar alguns aspectos inerentes aos *embargos à execução*, invoca:

> Diante destas situações, a doutrina passou a empreender verdadeira "cruzada" contra arbitrariedades cometidas no processo executivo, por força da supressão do direito de defesa do devedor/executado, em face da exigência de garantia do juízo. Neste momento, constrói-se a denominada exceção de preexecutividade, com base nas manifestações emitidas acerca do assunto pelo saudoso Pontes de Miranda, em seu famoso parecer solicitado pela Companhia Siderúrgica Mannesman, o qual influenciou o reconhecimento doutrinário e a admissão jurisprudencial deste mecanismo processual de defesa.

Destarte o seu conteúdo, o seu alcance – porque diverso dos *embargos à execução* [admitido, em sua natureza jurídica, *cognitiva desconstitutiva*] –, enfim, implicaria identificar os temas que podem ser discutidos, em sede da *preexecutividade*, porém, com a mesma *ratio essendi* [cognição desconstitutiva], por ser criação, apenas, doutrinária e jurisprudencial, vivendo às capengas, dependendo da exegese a lhe ser reconhecida, quer por eminente hermeneutas, quer pela construção Pretoriana.

A matéria, embora complexa, pode envolver, também, os ardis e as arbitrariedades, que são adotados e cometidos, tanto pelo credor/exequente, como pelo devedor/executado.

Estes, pelo gravame decorrente da propositura de descabida medida, induzindo os incautos e despreparados devedores, a sucumbir, quitar ou parcelar obrigações indevidas, em decorrência da ausência de meios para garantir as esdrúxulas exigências, impedindo-os de externarem suas razões jurídicas.

Àqueles, pela procrastinação da própria execução e de se fruírem das garantias que ela exige, na exigência de débitos inexistentes, tem merecido postura firme e restritiva, para evitar que ela se transforme em mais um *procedimento ordinário*, imolando o crédito de exequentes e transformando, mais uma vez, o Poder Judiciário em *altar dos sacrifícios*, dos bons, em detrimento dos maus pagadores.

A medida, contudo, está sufragada por todos, existindo os seguintes pronunciamentos:

A exceção de preexecutividade, admitida em nosso direito por construção doutrinário-jurisprudencial, somente se dá, em princípio, *nos casos em que o juízo de ofício, pode reconhecer da matéria, a exemplo do que se verifica a propósito da higidez do título*. (STJ – RF 351/394) [*Grifos nossos*].

A defesa em exceção faz-se, como regra, por meio de embargo, depois de seguro o juízo, somente se permitindo a modernamente denominada exceção de preexecutividade nos próprios autos da execução, para que deduzida *questão de ordem pública por evidente nulidade do processo executivo, revelada de plano e independentemente de maiores questionamentos*. (2º TACSP – AgIn 583369-00/5 – Campinas, 1ª Câm. Rel. Juiz Renato Sartorelli, v. u., j. em 30.6.1999). [*Grifos nossos*]

A doutrina, por seu turno, oscila entre as hipóteses do cabimento da medida, como sustenta Rita Dias Nolasco (2003, p. 211-2):

Acolhemos o entendimento segundo o qual deverá ser admissível o cabimento da exceção de preexecutividade, sem garantia do juízo, nos casos em que a execução não prosperará, por ser nula ou mesmo inexistente; assim, a matéria veiculada pode dizer tanto ao juízo de admissibilidade quanto ao juízo de mérito da execução, **desde que não haja necessidade de dilação probatória**. [*Grifo nosso*]

A ilegitimidade de mandar a embargos eventual discussão sobre o título executivo mostra-se particularmente aguda nos casos em que a existência deste *é perceptível mediante pura ilação jurídica, sem necessidade de investigação probatória* (DINAMARCO, 2001, p. 449).

Hodiernamente, a presente arguição encontra respaldo na construção Pretoriana, como se vê do V. Aresto, da lavra do em. Min. Teori

Albino Zavascki do Egrégio Superior Tribunal de Justiça, por sua Colenda 1ª Turma, com a seguinte lição:

> EXCEÇÃO DE PREEXECUTIVIDADE – Admissibilidade – Execução Fiscal – Matéria alegada verificada de plano, sem a necessidade de dilação probatória.
>
> Tributário. Recurso especial. Execução Fiscal. Redirecionamento para sócio-gerente. Exceção de pré-executividade. Possibilidade.
>
> 1. A possibilidade de verificação de plano, sem necessidade de dilação probatória, delimita as matérias passíveis de serem deduzidas na exceção de preexecutividade, independentemente de garantia do juízo.

Nestas posturas, ousamos afirmar que a *exceção de preexecutividade* é um sucedâneo dos *embargos à execução*, para suscitar matéria aferível sem qualquer dilação probatória; entretanto, as medidas representam verdadeiras *ações cognitivas desconstitutivas* ou *constitutivas negativas*.

Há de prosperar, portanto, as deslustradas razões desta medida, conforme as humildes posturas, vislumbradas dos autos, extraídas da certidão da dívida ativa – na busca das datas, para suscitar sobre a decadência ou prescrição, ou a mácula constante da certidão, preterindo alguma formalidade dela exigida – como descrevem os arts. 202 do CTN, e 2º, § 5º, da Lei nº 6.830/1980.

1.2. Outras medidas civis

Independente desta discussão, admite-se, ainda, a adoção de uma das medidas descritas na Lei nº 6.830/1980, quando prevê:

> **Art. 38.** A discussão judicial da Dívida Ativa da Fazenda Pública só é admissível em execução, na forma desta Lei, salvo as hipóteses de mandado de segurança, ação de repetição de indébito ou ação anulatória do ato declarativo da dívida, esta precedida do depósito preparatório do valor do débito, monetariamente corrigido e acrescido dos juros e multa de mora e demais encargos.
>
> **Súmula nº 112 do STJ:** O depósito somente suspende a exigibilidade do crédito tributário se for integral e em dinheiro.

Além da discussão da matéria nos *embargos*, admite-se a propositura da *ação de mandado de segurança, ação de conhecimento condenatória* – repetição de indébito e *ação de conhecimento desconstitutiva* – para modificar a relação jurídica decorrente do lançamento, além de outras medidas.

Celso Ribeiro Bastos (1991, p. 244) sustenta:

> Ora, a dúvida que se coloca é: teria ficado vedada aos contribuintes a utilização de outras ações que não as sumariadas pelo dispositivo em exame? Em outras palavras, busca-se determinar se o elenco de ações ali expresso seria exemplificativo ou taxativo. A preocupação atinge maiores proporções na medida em que, se optarmos pela segunda alternativa, estaremos excluindo do contribuinte meios importantes de defesa, como a ação declaratória e a ação de consignação em pagamento.
>
> Nada obstante a dúvida levantada, quer-nos parecer que a melhor orientação neste passo é a daqueles que pugnam pela impossibilidade de tal entendimento, por diferentes fundamentos.
>
> No tocante à ação declaratória, pelo fato de discutir ela a existência ou inexistência de uma relação jurídica – e não a dívida ativa da Fazenda Pública em si – deve ser, como corolário, proposta antes do lançamento, escapando, destarte, do campo de incidência do dispositivo em tela.
>
> Já no que diz respeito à ação de consignação em pagamento, a dúvida é extirpada através da interpretação sistemática, isso porque a sua utilização vem prevista no art. 164 do Código Tributário Nacional. Ora, por óbvio que, na qualidade de Lei Complementar, o Código Tributário Nacional não poderia ver qualquer de seus comandos afetados pela lei que regula as execuções fiscais, e, em assim sendo, qualquer dispositivo desta que pretender contrariá-lo, haverá de ter sua aplicação obstada desde logo.

Assim, o elenco de medidas judiciais à disposição do contribuinte não é, apenas, a acanhada previsão do art. 38 da Lei nº 6.830/1980, mas, também as medidas contempladas no Código Tributário Nacional ou em qualquer outra norma processual.

1.3. Ampla defesa e contraditório

Nucleando o sujeito passivo, existe uma intensa gama de medidas judiciais para resguardar os seus direitos, em decorrência do contido no art. 5º, inciso LV, da Carta de Princípios: "*aos litigantes, em processo judicial ou administrativo, e aos acusados em geral são assegurados o contraditório e ampla defesa, com os meios e recursos a ela inerentes*".

Apesar de o advogado ter a seu lado, na esfera administrativa, a possibilidade de discutir as matérias aqui propostas, por certo que, enquanto existentes as leis, contra as quais suscitamos os temas abordados, a Autoridade Administrativa não se vergará nestes pontos, pois, embora possa aquiescer com um ou outro argumento, ela está obrigada e vinculada à lei, não prosperando as defesas e impugnações expostas na defesa do contribuinte.

A atividade do advogado pode iniciar-se tão logo se adote a medida administrativa, para apuração do débito fiscal, tendo ao seu lado a figura do Mandado de Segurança, para coibir a ameaça a direito líquido e certo, envolvendo matéria de conteúdo eminentemente de Direito Tributário.

Finda a discussão administrativa, esgotadas todas as defesas, impugnações e recursos naquela esfera, a Fazenda Pública pode cumprir o disposto na Súmula Vinculante nº 24 do Supremo Tribunal Federal, enviando peças ao Ministério Público, que requererá o envio das peças para a Polícia ou oferecerá denúncia.

O Juiz, ao receber a denúncia, determina a citação do acusado, inclusive para apresentar a sua *resposta*, a quem compete suscitar, em preliminares, as nulidades, caso existam, eventual *preliminar de mérito*, como a extinção da punibilidade, pela prescrição, e, no mérito abordará as questões aqui apresentadas – art. 396 do CPP; em seguida, o juiz pode sumariamente absolver, como permite o art. 397 daquele Código, se reconhecer: I – *causa excludente da ilicitude do fato*; II – *causa excludente da culpabilidade*; III – *que o fato narrado não constitui crime*; ou IV – quando *extinta a punibilidade* [art. 107 do CP].

O Juiz, por outro lado, em decisão fundamentada – art. 93, inciso IX, da Constituição Federal, pode rechaçar o conteúdo da defesa, sobrevindo a instrução criminal para, posteriormente, apresentar, em *alegações finais*, os argumentos cabíveis, vindo, em seguida, a sentença que, se condenar o acusado, caberá a interposição do recurso de *apelação*, art. 593 do CPP, em cujas razões, por certo, dedilhar-se-á às matérias cabíveis.

1.4. Outros princípios

Não nos esqueçamos que, além dos dogmas expressos, contidos na Norma Fundamental – art. 5º e aqueles dos arts. 148, 149 e 150, não se excluem a existência e aplicação de outros princípios, denominados de *dogmas* **implícitos**, com lastro no art. 5º, § 2º, aumentando o leque das discussões jurídicas em prol do sujeito passivo.

Dentre outros, cita Bernardo Ribeiro de Moraes (1973, p. 503), o "princípio da incolumidade do direito adquirido, do ato jurídico perfeito e da coisa julgada, em matéria tributária", e o "princípio da cognoscibilidade de direito individual pelo Poder Judiciário", em que "a lei não poderá excluir da apreciação do Poder Judiciário qualquer lesão a direito individual", arrematando, ainda, com um "*etc.*"!

Não obstante, poder-se-á deduzir por meio de uma via rápida, outra medida judicial, até mesmo em substituição às peças apresentadas anteriormente.

1.5. Cânones do Direito Natural como *leges legum*

Antonio Roberto Sampaio Dória (1986, p. 26) destaca esta possibilidade, narrando:

A Constituição americana é um documento compacto. Registra apenas a súmula dos princípios considerados indispensáveis pelos constituintes, à manutenção do regime político, que institui, e à preservação de direitos individuais, que explicitamente tutela.

Entretanto, como balizadora que é da legislação ordinária, a norma constitucional há de se alargar a fim de que fatos e situações, nela não expressamente regulados, sejam disciplinados em harmonia com os postulados fundamentais que implicitamente contém. Doutra parte, a própria dinâmica da sociedade, propondo novas equações a serem deslindadas pelo aplicador da lei, novos valores e novas técnicas, reclama uma constante adequação, a estes, do texto supremo, sob pena de submergir todo o sistema na inexorável evolução das condições econômicas e sociais com ele eventualmente incompatíveis.

Ainda uma vez Marshall, prescientemente, acenderá o facho que iluminaria os passos de seus herdeiros na tradição da Suprema Corte americana:

Jamais devemos esquecer que é uma Constituição que estamos interpretando (...) *uma Constituição concebida para subsistir por gerações e, consequentemente, para ser adaptada às várias crises dos negócios humanos.* [Mc Culloch v. Maryland, 4 Wheat. 316, 4 L. Ed. 579 (1819). Story havia exprimido idêntica ideia, quase com as mesmas palavras. V. Martin v. Hunter's Lessee, 1 Wheat. 304, 4. L. Ed. 97 (1816)].

No cerne da teoria da interpretação *dinâmica* da Constituição norte-americana jazem os cânones da escola do Direito Natural, demarcando o território dos direitos individuais, onde não se admite a interferência governamental. Profundamente imbuídos das teorias políticas vulgarizadas nas obras de Locke, Rousseau e Montesquieu, na linha das concepções jusnaturalistas de Grotius e Puffendorf, já realçamos que o objetivo dos homens que plasmaram a federação americana, sensíveis aos autênticos valores de sua época, fora a adoção concreta de tais princípios. A Constituição, que elaboraram, é prova insofismável dessa filiação intelectual. E legaram aos pósteros a convicção de que, latente em suas disposições escritas ou implícitas, como cúpula encerrando todo o sistema palpitava o espírito que animava as doutrinas do Direito Natural, a cujas fórmulas deveriam recorrer para a complementação necessária dos preceitos constitucionais.

A inovação da *lex legum* logo se faz ao ensejo do primeiro decênio de vida da Constituição americana. Ecoando *lord* Coke, "a grande luz de nosso sistema jurídico", como observa Pound, *Justice* Chase reiterava, em 1798, a propósito da irretroatividade da lei, a doutrina:

> Um ato do legislador (pois que não ouso chamá-lo de lei), hostil aos grandes princípios estruturais do contrato social *(social compact)*, não pode ser considerado como exercício legítimo do poder legislativo.

Neste particular, não constitui nenhuma afronta ao exercício da Advocacia ao profissional quando sustenta a *injustiça da lei*, nos cânones sugeridos, resguardado pelo Estatuto da Advocacia e da Ordem dos Advogados do Brasil, Lei nº 8.906, de 4 de julho de 1994, afastando a *infração disciplinar* – art. 34, inciso VI.

Vislumbra-se, portanto, a possibilidade de aplicação dos *dogmas* **expressos** e **implícitos**, contidos em nossa Carta de Leis, aos quais, adiciona-se, a *lex legum – lei das leis –* que não se exprime, apenas, na Constituição, contudo, nas doutrinas do *Direito Natural,* antecedente e primordial a todo o regramento jurídico para a complementação dos preceitos dali emanados.

É de repensarmos, e muito, sobre estas lições, para que se dê a sua aplicação a inúmeros casos concretos, onde o desacreditado legislador infraconstitucional, em sua maioria, ao talante de interesses nem sempre recomendáveis, se afasta do natural equilíbrio legislativo, instituindo normas que contrariam as noções lançadas por Rousseau, lesando a grande sociedade, afetando humildes trabalhadores, contribuintes que se imolam no Poder Judiciário, o qual não se verga, embora admita a violação, mas, sob o império da lei, não os reconhece.

2. HABEAS CORPUS

Após o exame de todas as matérias expostas, há evidência de que devemos trazer, também, os meios à disposição do sujeito passivo, na defesa de seus interesses, extraídos da *legislação formal criminal* e aplicadas ao Direito Tributário, onde permitimo-nos alcunhá-la de Direito Processual Penal Tributário, embora tenha seu nascedouro na Carta Política de 1988, em seu art. 5º, inciso LXVIII ("conceder-se-á *habeas corpus* sempre que alguém sofrer ou se achar ameaçado de sofrer violência ou coação em sua liberdade de locomoção, por ilegalidade ou abuso de poder"), adotado nas velhas, mas, nunca envelhecidas, leis germânicas, integrando a Carta outorgada por João sem Terra, em 1215, em seu art. 29, sem olvidar, também, a propositura de outro *remédio*, o Mandado de Segurança.

Nossa atenção volta-se, de pronto, para o *habeas corpus*, a quem, Fernando da Costa Tourinho Filho (1988, p. 482), com o brilhantismo que lhe é peculiar, lançou as seguintes noções:

> A Constituição proclama a garantia. Contudo, é através da atividade jurisdicional que ela se estadeia. Como se trata de garantia pertinente ao direito de ir e vir, encartou-se o instituto no diploma processual penal que lhe traçou o *modus operandi*. Entretanto, embora esteja encartado no Código de Processo Penal, como recurso, toda a doutrina, quase sem discrepância, o considera verdadeira ação. Hoje, poucos são os que sustentam a natureza recursal do *habeas corpus*. Basta frisar, por exemplo, que o recurso pressupõe decisão judicial não transita em julgado. Ora, o *habeas*

corpus pode ser impetrado contra decisões judiciais transitadas ou não em julgado e até mesmo contra atos de particulares.

Embora conhecido como *"apresentação do corpo"*, derivou-se a outros objetivos para a caracterização da *ilegalidade* ou *abuso de poder*, adotando-se o *"HC" "preventivo", "trancativo" e "liberativo"*; aquele para prevenir, por exemplo, a instauração de um inquérito ou ação penal; já o outro é para, em face de suas instaurações, de obter o arquivamento, com o seu arquivamento – no *"trancamento"*, porém, se resultar a prisão de alguém, a medida terá por objetivo a "liberação" do preso. Nada impede que, na mesma peça, a medida seja proposta com um único ou com vários objetivos.

Assim, o *HC* pode ser esgrimado para *"prevenir"* a instauração de inquérito ou de ação penal, em sua iminência; porém, se estão em curso, para *"trancá-los"*; se preso o denunciado, para *"liberá-lo"*, antes ou depois da sentença penal condenatória, tendo sido cumprida ou não a constrição imposta, estando vivo ou morto o *sentenciado*.

O Código de Processo Penal descreve:

Art. 648. A coação considerar-se-á ilegal:

I – quando não houver **justa causa**;

II – quando alguém estiver preso por mais tempo de que determina a lei;

III – quando quem ordenar a coação não tiver competência para fazê-lo;

IV – quando houver cessado o motivo que autorizou a coação;

V – quando não for alguém admitido a prestar fiança, nos casos em que a lei a autoriza;

VI – quando o processo for manifestamente nulo;

VII – quando **extinta a punibilidade**.

Este dispositivo é, na verdade, o diferenciador das hipóteses albergadas pelos remédios constitucionais, admitindo-se a propositura do *habeas corpus*, conquanto que, todas as demais coações a direito líquido e certo, terão abrigo no Mandado de Segurança (CF/1988, art. 5º, *LXIX – conceder-se-á mandado de segurança para proteger direito líquido e certo, não amparado por* habeas corpus *ou* habeas data, *quando o responsável pela ilegalidade ou abuso de poder for autoridade pública ou agente de pessoa jurídica no exercício de atribuições do Poder Público).*

Sem abordar outros aspectos que, eventualmente, possam cercar o caso concreto, nossa atenção enfoca as decorrências dos temas aqui abordados, podendo-se adotar.

2.1. *Habeas corpus:* Ausência de justa causa

Procuramos destacar nos estudos, que inexistem os *crimes* fiscais, eis que eles constituem uma *tentativa* impunível, surgindo um *crime impossível*, tudo porque, quaisquer que sejam as condutas praticadas pelo sujeito passivo objetivando *reduzir* ou *suprimir* o gravame são absorvidas pelo agente Fazendário, a quem compete constituir, privativamente, o crédito tributário, portanto, aquela *prestação pecuniária compulsória*, que se aperfeiçoa na conceituação de tributo.

Ora, por mais que o contribuinte reduza ou suprima seu gravame, estas condutas atingem um mero pagamento, nunca do tributo, cujo montante devido é apurado pela Autoridade, mesmo porque, inexiste o *autolançamento* pelo devedor.

Portanto, instituído pela norma jurídica, o **tributo** como **elementar do tipo**, se inexistente aquela, não se pode admitir a existência do crime, tornando-o, portanto, atípico, e, como tal surge a previsão da **ausência de justa causa**, quer para a instauração do Inquérito quer da própria ação penal, passível de seu trancamento pelo *HC*.

É certo que o *HC*, não se presta para o aprofundamento valorativo das provas, ou da inexistência de dolo ou culpa, carreadas ao bojo do inquérito ou da ação, mas, para tangenciar a *ausência de justa causa*, tem-se que demonstrar a atipicidade da conduta do agente, como examinamos anteriormente.

Como paradigma, encontramos o escólio Pretoriano:

> Inquérito Policial. *Habeas Corpus*. Atipicidade do fato investigado. Ordem deferida. Trancamento decretado. (...) Para a instauração de inquérito policial basta a existência de elementos indicativos de fato que, em tese, configura ilícito penal, pois como mero procedimento investi-

gatório, somente em hipóteses excepcionais seu curso pode ser obstado pelo *habeas corpus*, sendo uma delas a clara atipicidade do fato investigado. (*RT* 740/605)

Quando se pode constatar, de imediato, a inexistência de ilícito penal, a falta de justa causa para a denúncia pode ser, desde logo, proclamada em *habeas corpus* impetrado para trancamento da ação penal. (*RJDTACrim* 36/427)

2.2. *Habeas corpus*: Extinção da punibilidade – Prescrição

Antes de discutir a matéria de fundo, é preferível que se examinem as datas envolvendo a imputação criminal: a data da ocorrência da "*infração*", a data em que o juiz recebeu a denúncia, a data em que foi proferida a sentença, a pena nela fixada, e, com o enquadramento anterior [no capítulo II, itens 5.2.1 e seguintes], objetivando apurar se operou a prescrição, gerando a extinção da punibilidade, matéria que não envolve a complexidade dos temas abordados; é muito mais simples, descomplicado.

Ora, a **extinção da punibilidade** constitui uma das formas em que se dá a coação ilegal, passível da propositura do *habeas corpus*, como descreve o art. 648, inciso VII, do Código de Processo Penal.

Estando em curso o Inquérito Policial, verificada a hipótese da prescrição da pena "*in abstrato*", isto é, levando em consideração o máximo da pena previsto na infração, ainda não recebida a denúncia, o *HC* será encaminhado ao Juiz de Direito competente [Juiz estadual, se a infração versar sobre tributo de competência do Município ou do Estado-membro; ou Juiz Federal, se a competência for da União].

Se, porém, constatada a prescrição da pretensão punitiva, depois de recebida a denúncia e antes da sentença penal, leva-se em consideração o máximo da pena. A praxe sugere que se faça um requerimento ao juiz, para reconhecer o decurso do prazo; se o pedido for indeferido, propõe-se um *HC* no Tribunal competente.

Com a sentença, a prescrição passa a fluir pela pena nela imposta, contada da data do recebimento da denúncia até a data em que operou o trânsito em julgado para o MP, ou, ainda, desta data até o seu eventual cumprimento; se foi expedida a *carta de guia*, pendendo, ainda, a *exe-*

cução penal, o requerimento para seu reconhecimento será dirigido ao Juiz das Execuções Criminais – art. 66, inciso II, da Lei nº 7.210/1984; sem a carta de guia, caberá ao juiz da sentença apreciar o pedido; caso indeferida a pretensão, admitir-se-á o *Habeas Corpus* endereçado ao Tribunal competente.

3. AÇÃO DE RESSARCIMENTO

Gian Antonio Micheli (1978, p. 245) advoga a possibilidade de ser proposta uma *ação de ressarcimento*, pois:

> Uma ação de ressarcimento de danos compete também ao contribuinte, que se entenda lesado pela execução exatorial ilegítima, que tenha sido realizada, ressalvados os direitos do ente impositor ao tributo; ação que cabe também ao cônjuge, aos parentes e afins até o terceiro grau do contribuinte, dos coobrigados e dos administradores e liquidantes de sociedades nas hipóteses legais. Como se vê, em qualquer caso, a ação de dano não incide sobre o direito à exação do tributo e não interfere com a definitividade dos atos executivos contra o contribuinte e por isso com o ato que satisfaz o próprio tributo, mediante a entrega já ocorrida a favor do ente impositor por parte do exator. Por esta razão, isto possui um caráter não só excepcional e residual, mas deve conectar-se ou à atividade culposa, ou até mesmo dolosa do empregado público ou do exator.

Justifica-se a propositura da ação *cognitiva* condenatória, objetivando o ressarcimento do dano, tanto material como moral, nas devidas hipóteses, pois, se a norma de conduta impõe a autoridade administrativa o exercício de uma função *obrigatória* e *vinculada*, deve ela pautar pelos vínculos contidos e emoldurados na lei, e, extrapolando tais requisitos, estaria ela ferindo a lei e atuando de forma ilícita.

A violação de um direito faz nascer uma pretensão, como ilustra o art. 186, do Código Civil: "aquele que, por ação ou omissão voluntária, negligência ou imprudência, violar direito e causar dano a outrem, ainda que exclusivamente moral, comete ato ilícito".

A Lei Maior, em seu art. 37, § 6º, erige a responsabilidade objetiva das pessoas jurídicas de direito público pelos danos que seus agentes causarem, previsão constante também do art. 43 do Código Civil.

Constituição Federal:

Art. 37. A administração pública direta e indireta de qualquer dos Poderes da União, dos Estados, do Distrito Federal e dos Municípios obedecerá aos princípios de legalidade, impessoalidade, moralidade, publicidade e eficiência e, também, ao seguinte: (...)

§ 6º. As pessoas jurídicas de direito público e as de direito privado prestadoras de serviços públicos responderão pelos danos que seus agentes, nessa qualidade, causarem a terceiros, assegurado o direito de regresso contra o responsável nos casos de dolo ou culpa.

Código Civil:

Art. 43. As pessoas jurídicas de direito público interno são civilmente responsáveis por atos dos seus agentes que nessa qualidade causem danos a terceiros, ressalvado direito regressivo contra os causadores do dano, se houver, por parte destes, culpa ou dolo.

IX

LEGISLAÇÃO

1. LEI Nº 4.729, DE 14 DE JULHO DE 1965

Define o crime de sonegação fiscal e dá outras providências.

O Presidente da República,

Faço saber que o Congresso Nacional decreta e eu sanciono a seguinte Lei:

Art. 1º. Constitui crime de sonegação fiscal:

I – prestar declaração falsa ou omitir, total ou parcialmente, informação que deva ser produzida a agentes das pessoas jurídicas de direito público interno, com a intenção de eximir-se, total ou parcialmente, do pagamento de tributos, taxas e quaisquer adicionais devidos por lei;

II – inserir elementos inexatos ou omitir, rendimentos ou operações de qualquer natureza em documentos ou livros exigidos pelas leis fiscais, com a intenção de exonerar-se do pagamento de tributos devidos à Fazenda Pública;

III – alterar faturas e quaisquer documentos relativos a operações mercantis com o propósito de fraudar a Fazenda Pública;

IV – fornecer ou emitir documentos graciosos ou alterar despesas, majorando-as, com o objetivo de obter dedução de tributos devidos à Fazenda Pública, sem prejuízo das sanções administrativas cabível;

V – exigir, pagar ou receber, para si ou para o contribuinte beneficiário da paga, qualquer percentagem sobre a parcela dedutível ou deduzida do imposto sobre a renda como incentivo fiscal.

- *Inciso V acrescido pela Lei nº 5.569/1969.*

Pena – detenção, de seis meses a dois anos, e multa de duas a cinco vezes o valor do tributo.

§ 1º. Quando se tratar de criminoso primário, a pena será reduzida à multa de 10 (dez) vezes o valor do tributo.

§ 2º. Se o agente cometer o crime prevalecendo-se do cargo público que exerce, a pena será aumentada da sexta parte.

§ 3º. O funcionário público com atribuições de verificação, lançamento ou fiscalização de tributos, que concorrer para a prática do crime de sonegação fiscal, será punido com a pena deste artigo aumentada da terça parte, com a abertura obrigatória do competente processo administrativo.

Art. 2º. (Revogado).

- *Art. 2º revogado pela Lei nº 8.383/1991 – V. Decreto-Lei nº 94/1966; Lei nº 4.506/1964 e Decreto-Lei nº 1.650/1978.*

Art. 3º. Somente os atos definidos nesta Lei poderão constituir crime de sonegação fiscal.

Art. 4º. A multa aplicada nos termos desta Lei será computada e recolhida, integralmente, como receita pública extraordinária.

Art. 5º. No art. 334 do Código Penal, substituam-se os §§ 1º e 2º pelos seguintes:

"*§ 1º. Incorre na mesma pena quem:*

a) pratica navegação de cabotagem, fora dos casos permitidos em lei;

b) pratica fato assimilado, em lei especial, a contrabando ou descaminho;

c) vende, expõe à venda, mantém em depósito ou, de qualquer forma, utiliza em proveito próprio ou alheio, no exercício de atividade comercial ou industrial, mercadoria de procedência estrangeira que introduziu clandestinamente no País ou importou fraudulentamente ou que sabe ser produto de introdução clandestina no território nacional ou de importação fraudulenta por parte de outrem;

d) adquire, recebe ou oculta, em proveito próprio ou alheio, no exercício de atividade comercial ou industrial, mercadoria de procedência estrangeira, desacompanhada de documentação legal ou acompanhada de documentos que sabe serem falsos.

§ 2º. Equipara-se às atividades comerciais, para os efeitos deste artigo, qualquer forma de comércio irregular ou clandestino de mercadorias estrangeiras, inclusive o exercido em residências.

§ 3º. A pena aplica-se em dobro, se o crime de contrabando ou descaminho é praticado em transporte aéreo."

Art. 6º. Quando se trata de pessoa jurídica, a responsabilidade penal pelas infrações previstas nesta Lei será de todos os que, direta ou indiretamente ligados à mesma, de modo permanente ou eventual, tenham praticado ou concorrido para a prática da sonegação fiscal.

Art. 7º. As autoridades administrativas que tiverem conhecimento de crime previsto nesta Lei, inclusive em autos e papéis que conhecerem, sob pena de responsabilidade, remeterão ao Ministério Público os elementos comprobatórios da infração, para instrução do procedimento criminal cabível.

§ 1º. Se os elementos comprobatórios forem suficientes, o Ministério Público oferecerá, desde logo, denúncia.

§ 2º. Sendo necessários esclarecimentos, documentos ou diligências complementares, o Ministério Público os requisitará, na forma estabelecida no Código de Processo Penal.

Art. 8º. Em tudo o mais em que couber e não contrariar os arts. 1º a 7º desta Lei, aplicar-se-ão o Código Penal e o Código de Processo Penal.

Art. 9º. (Revogado).

- *Art. 9º revogado pela Lei nº 8.021/1990.*

Art. 10. O Poder Executivo procederá as alterações do Regulamento do Imposto de Renda decorrentes das modificações constantes desta Lei.

Art. 11. Esta Lei entrará em vigor 60 (sessenta) dias após sua publicação.

Art. 12. Revogam-se as disposições em contrário.

Brasília, em 14 de julho de 1965; 144º da Independência e 77º da República.

H. Castello Branco
DOU de 19.7.1965

2. LEI Nº 6.830, DE 22 DE SETEMBRO DE 1980

Dispõe sobre a cobrança judicial da Dívida Ativa da Fazenda Pública, e dá outras providências.

O Presidente da República,

Faço saber que o Congresso Nacional decreta e eu sanciono a seguinte Lei:

Art. 1º. A execução judicial para cobrança da Dívida Ativa da União, dos Estados, do Distrito Federal, dos Municípios e respectivas autarquias será regida por esta Lei e, subsidiariamente, pelo Código de Processo Civil.

Art. 2º. Constitui Dívida Ativa da Fazenda Pública aquela definida como tributária ou não tributária na Lei nº 4.320, de 17 de março de 1964, com as alterações posteriores, que estatui normas gerais de direito financeiro para elaboração e controle dos orçamentos e balanços da União, dos Estados, dos Municípios e do Distrito Federal.

§ 1º. Qualquer valor, cuja cobrança seja atribuída por lei às entidades de que trata o art. 1º, será considerado Dívida Ativa da Fazenda Pública.

§ 2º. A Dívida Ativa da Fazenda Pública, compreendendo a tributária e a não tributária, abrange atualização monetária, juros e multa de mora e demais encargos previstos em lei ou contrato.

§ 3º. A inscrição, que se constitui no ato de controle administrativo da legalidade, será feita pelo órgão competente para apurar a liquidez e certeza do crédito e suspenderá a prescrição, para todos os efeitos de direito, por 180 dias, ou até a distribuição da execução fiscal, se esta ocorrer antes de findo aquele prazo.

§ 4º. A Dívida Ativa da União será apurada e inscrita na Procuradoria da Fazenda Nacional.

§ 5º. O Termo de Inscrição de Dívida Ativa deverá conter:

I – o nome do devedor, dos corresponsáveis e, sempre que conhecido, o domicílio ou residência de um e de outros;

II – o valor originário da dívida, bem como o termo inicial e a forma de calcular os juros de mora e demais encargos previstos em lei ou contrato;

III – a origem, a natureza e o fundamento legal ou contratual da dívida;

IV – a indicação, se for o caso, de estar a dívida sujeita à atualização monetária, bem como o respectivo fundamento legal e o termo inicial para o cálculo;

V – a data e o número da inscrição, no Registro de Dívida Ativa; e

VI – o número do processo administrativo ou do auto de infração, se neles estiver apurado o valor da dívida.

§ 6º. A Certidão de Dívida Ativa conterá os mesmos elementos do Termo de Inscrição e será autenticada pela autoridade competente.

§ 7º. O Termo de Inscrição e a Certidão de Dívida Ativa poderão ser preparados e numerados por processo manual, mecânico ou eletrônico.

§ 8º. Até a decisão de primeira instância, a Certidão de Dívida Ativa poderá ser emendada ou substituída, assegurada ao executado a devolução do prazo para embargos.

§ 9º. O prazo para a cobrança das contribuições previdenciárias continua a ser o estabelecido no art. 144 da Lei nº 3.807, de 26 de agosto de 1960.

Art. 3º. A Dívida Ativa regularmente inscrita goza da presunção de certeza e liquidez.

Parágrafo único. A presunção a que se refere este artigo é relativa e pode ser ilidida por prova inequívoca, a cargo do executado ou de terceiro, a quem aproveite.

Art. 4º. A execução fiscal poderá ser promovida contra:

I – o devedor;

II – o fiador;

III – o espólio;

IV – a massa;

V – o responsável, nos termos da lei, por dívidas, tributárias ou não, de pessoas físicas ou pessoas jurídicas de direito privado; e

VI – os sucessores a qualquer título.

§ 1º. Ressalvado o disposto no art. 31, o síndico, o comissário, o liquidante, o inventariante e o administrador, nos casos de falência, concordata, liquidação, inventário, insolvência ou concurso de credores, se, antes de garantidos os créditos da Fazenda Pública, alienarem ou derem em garantia quaisquer dos bens administrados, respondem, solidariamente, pelo valor desses bens.

§ 2º. À Dívida Ativa da Fazenda Pública, de qualquer natureza, aplicam-se as normas relativas à responsabilidade prevista na legislação tributária, civil e comercial.

§ 3º. Os responsáveis, inclusive as pessoas indicadas no § 1º deste artigo, poderão nomear bens livres e desembaraçados do devedor, tantos quantos bastem para pagar a dívida. Os bens dos responsáveis ficarão, porém, sujeitos à execução, se os do devedor forem insuficientes à satisfação da dívida.

§ 4º. Aplica-se à Dívida Ativa da Fazenda Pública de natureza não tributária o disposto nos arts. 186 e 188 a 192 do Código Tributário Nacional.

Art. 5º. A competência para processar e julgar a execução da Dívida Ativa da Fazenda Pública exclui a de qualquer outro Juízo, inclusive o da falência, da concordata, da liquidação, da insolvência ou do inventário.

Art. 6º. A petição inicial indicará apenas:

I – o Juiz a quem é dirigida;

II – o pedido; e

III – o requerimento para a citação.

§ 1º. A petição inicial será instruída com a Certidão da Dívida Ativa, que dela fará parte integrante, como se estivesse transcrita.

§ 2º. A petição inicial e a Certidão de Dívida Ativa poderão constituir um único documento, preparado inclusive por processo eletrônico.

§ 3º. A produção de provas pela Fazenda Pública independe de requerimento na petição inicial.

§ 4º. O valor da causa será o da dívida constante da certidão, com os encargos legais.

Art. 7º. O despacho do Juiz que deferir a inicial importa em ordem para:

I – citação, pelas sucessivas modalidades previstas no art. 8º;

II – penhora, se não for paga a dívida, nem garantida a execução, por meio de depósito ou fiança;

III – arresto, se o executado não tiver domicílio ou dele se ocultar;

IV – registro da penhora ou do arresto, independentemente do pagamento de custas ou outras despesas, observado o disposto no art. 14; e

V – avaliação dos bens penhorados ou arrestados.

Art. 8º. O executado será citado para, no prazo de 5 (cinco) dias, pagar a dívida com os juros e multa de mora e encargos indicados na Certidão de Dívida Ativa, ou garantir a execução, observadas as seguintes normas:

I – a citação será feita pelo correio, com aviso de recepção, se a Fazenda Pública não a requerer por outra forma;

II – a citação pelo correio considera-se feita na data da entrega da carta no endereço do executado, ou, se a data for omitida, no aviso de recepção, 10 (dez) dias após a entrega da carta à agência postal;

III – se o aviso de recepção não retornar no prazo de 15 (quinze) dias da entrega da carta à agência postal, a citação será feita por Oficial de Justiça ou por edital;

IV – o edital de citação será afixado na sede do Juízo, publicado uma só vez no órgão oficial, gratuitamente, como expediente judiciário, com o prazo de 30 (trinta) dias, e conterá, apenas, a indicação da exequente, o nome do devedor e dos corresponsáveis, a quantia devida, a natureza da dívida, a data e o número da inscrição no Registro da Dívida Ativa, o prazo e o endereço da sede do Juízo.

§ 1º. O executado ausente do País será citado por edital, com prazo de 60 (sessenta) dias.

§ 2º. O despacho do Juiz, que ordenar a citação, interrompe a prescrição.

Art. 9º. Em garantia da execução, pelo valor da dívida, juros e multa de mora e encargos indicados na Certidão de Dívida Ativa, o executado poderá:

I – efetuar depósito em dinheiro, à ordem do Juízo em estabelecimento oficial de crédito, que assegure atualização monetária;

II – oferecer fiança bancária;

III – nomear bens à penhora, observada a ordem do art. 11; ou

IV – indicar à penhora bens oferecidos por terceiros e aceitos pela Fazenda Pública.

§ 1º. O executado só poderá indicar e o terceiro oferecer bem imóvel à penhora com o consentimento expresso do respectivo cônjuge.

§ 2º. Juntar-se-á aos autos a prova do depósito, da fiança bancária ou da penhora dos bens do executado ou de terceiros.

§ 3º. A garantia da execução, por meio de depósito em dinheiro ou fiança bancária, produz os mesmos efeitos da penhora.

§ 4º. Somente o depósito em dinheiro, na forma do art. 32, faz cessar a responsabilidade pela atualização monetária e juros de mora.

§ 5º. A fiança bancária prevista no inciso II obedecerá às condições pré-estabelecidas pelo Conselho Monetário Nacional.

§ 6º. O executado poderá pagar parcela da dívida, que julgar incontroversa, e garantir a execução do saldo devedor.

Art. 10. Não ocorrendo o pagamento, nem a garantia da execução de que trata o art. 9º, a penhora poderá recair em qualquer bem do executado, exceto os que a lei declare absolutamente impenhoráveis.

Art. 11. A penhora ou arresto de bens obedecerá à seguinte ordem:

I – dinheiro;

II – título da dívida pública, bem como título de crédito, que tenham cotação em bolsa;

III – pedras e metais preciosos;

IV – imóveis;

V – navios e aeronaves;

VI – veículos;

VII – móveis ou semoventes; e

VIII – direitos e ações.

§ 1º. Excepcionalmente, a penhora poderá recair sobre estabelecimento comercial, industrial ou agrícola, bem como em plantações ou edifícios em construção.

§ 2º. A penhora efetuada em dinheiro será convertida no depósito de que trata o inciso I do art. 9º.

§ 3º. O Juiz ordenará a remoção do bem penhorado para depósito judicial, particular ou da Fazenda Pública exequente, sempre que esta o requerer, em qualquer fase do processo.

Art. 12. Na execução fiscal, far-se-á a intimação da penhora ao executado, mediante publicação, no órgão oficial, do ato de juntada do termo ou do auto de penhora.

§ 1º. Nas Comarcas do interior dos Estados, a intimação poderá ser feita pela remessa de cópia do termo ou do auto de penhora, pelo correio, na forma estabelecida no art. 8º, incisos I e II, para a citação.

§ 2º. Se a penhora recair sobre imóvel, far-se-á a intimação ao cônjuge, observadas as normas previstas para a citação.

§ 3º. Far-se-á a intimação da penhora pessoalmente ao executado se, na citação feita pelo correio, o aviso de recepção não contiver a assinatura do próprio executado, ou de seu representante legal.

Art. 13. O termo ou auto de penhora conterá, também, a avaliação dos bens penhorados, efetuada por quem o lavrar.

§ 1º. Impugnada a avaliação, pelo executado, ou pela Fazenda Pública, antes de publicado o edital de leilão, o Juiz, ouvida a outra parte, nomeará avaliador oficial para proceder a nova avaliação dos bens penhorados.

§ 2º. Se não houver, na Comarca, avaliador oficial ou este não puder apresentar o laudo de avaliação no prazo de 15 (quinze) dias, será nomeada pessoa ou entidade habilitada a critério do Juiz.

§ 3º. Apresentado o laudo, o Juiz decidirá de plano sobre a avaliação.

Art. 14. O Oficial de Justiça entregará contrafé e cópia do termo ou do auto de penhora ou arresto, com a ordem de registro de que trata o art. 7º, inciso IV:

I – no Ofício próprio, se o bem for imóvel ou a ele equiparado;

II – na repartição competente para emissão de certificado de registro, se for veículo;

III – na Junta Comercial, na Bolsa de Valores, e na sociedade comercial, se forem ações, debênture, parte beneficiária, cota ou qualquer outro título, crédito ou direito societário nominativo.

Art. 15. Em qualquer fase do processo, será deferida pelo Juiz:

I – ao executado, a substituição da penhora por depósito em dinheiro ou fiança bancária; e

II – à Fazenda Pública, a substituição dos bens penhorados por outros, independentemente da ordem enumerada no art. 11, bem como o reforço da penhora insuficiente.

Art. 16. O executado oferecerá embargos, no prazo de 30 (trinta) dias, contados:

I – do depósito;

II – da juntada da prova da fiança bancária;

III – da intimação da penhora.

§ 1º. Não são admissíveis embargos do executado antes de garantida a execução.

§ 2º. No prazo dos embargos, o executado deverá alegar toda matéria útil à defesa, requerer provas e juntar aos autos os documentos e rol de testemunhas, até três, ou, a critério do juiz, até o dobro desse limite.

§ 3º. Não será admitida reconvenção, nem compensação, e as exceções, salvo as de suspeição, incompetência e impedimentos, serão arguidas como matéria preliminar e serão processadas e julgadas com os embargos.

Art. 17. Recebidos os embargos, o Juiz mandará intimar a Fazenda, para impugná-los no prazo de 30 (trinta) dias, designando, em seguida, audiência de instrução e julgamento.

Parágrafo único. Não se realizará audiência, se os embargos versarem sobre matéria de direito, ou, sendo de direito e de fato, a prova for exclusivamente documental, caso em que o Juiz proferirá a sentença no prazo de 30 (trinta) dias.

Art. 18. Caso não sejam oferecidos os embargos, a Fazenda Pública manifestar-se-á sobre a garantia da execução.

Art. 19. Não sendo embargada a execução ou sendo rejeitados os embargos, no caso de garantia prestada por terceiro, será este intimado, sob pena de contra ele prosseguir a execução nos próprios autos, para, no prazo de 15 (quinze) dias:

I – remir o bem, se a garantia for real; ou

II – pagar o valor da dívida, juros e multa de mora e demais encargos, indicados na Certidão de Divida Ativa pelos quais se obrigou se a garantia for fidejussória.

Art. 20. Na execução por carta, os embargos do executado serão oferecidos no Juízo deprecado, que os remeterá ao Juízo deprecante, para instrução e julgamento.

Parágrafo único. Quando os embargos tiverem por objeto vícios ou irregularidades de atos do próprio Juízo deprecado, caber-lhe -á unicamente o julgamento dessa matéria.

Art. 21. Na hipótese de alienação antecipada dos bens penhorados, o produto será depositado em garantia da execução, nos termos previstos no art. 9º, inciso I.

Art. 22. A arrematação será precedida de edital, afixado no local de costume, na sede do Juízo, e publicado em resumo, uma só vez, gratuitamente, como expediente judiciário, no órgão oficial.

§ 1º. O prazo entre as datas de publicação do edital e do leilão não poderá ser superior a 30 (trinta), nem inferior a 10 (dez) dias.

§ 2º. O representante judicial da Fazenda Pública, será intimado, pessoalmente, da realização do leilão, com a antecedência prevista no parágrafo anterior.

Art. 23. A alienação de quaisquer bens penhorados será feita em leilão público, no lugar designado pelo Juiz.

§ 1º. A Fazenda Pública e o executado poderão requerer que os bens sejam leiloados englobadamente ou em lotes que indicarem.

§ 2º. Cabe ao arrematante o pagamento da comissão do leiloeiro e demais despesas indicadas no edital.

Art. 24. A Fazenda Pública poderá adjudicar os bens penhorados:

I – antes do leilão, pelo preço da avaliação, se a execução não for embargada ou se rejeitados os embargos;

II – findo o leilão:

a) se não houver licitante, pelo preço da avaliação;

b) havendo licitantes, com preferência, em igualdade de condições com a melhor oferta, no prazo de 30 (trinta) dias.

Parágrafo único. Se o preço da avaliação ou o valor da melhor oferta for superior ao dos créditos da Fazenda Pública, a adjudicação somente será deferida pelo Juiz se a diferença for depositada, pela exequente, à ordem do Juízo, no prazo de 30 (trinta) dias.

Art. 25. Na execução fiscal, qualquer intimação ao representante judicial da Fazenda Pública será feita pessoalmente.

Parágrafo único. A intimação de que trata este artigo poderá ser feita mediante vista dos autos, com imediata remessa ao representante judicial da Fazenda Pública, pelo cartório ou secretaria.

Art. 26. Se, antes da decisão de primeira instância, a inscrição de Divida Ativa for, a qualquer título, cancelada, a execução fiscal será extinta, sem qualquer ônus para as partes.

Art. 27. As publicações de atos processuais poderão ser feitas resumidamente ou reunir num só texto os de diferentes processos.

Parágrafo único. As publicações farão sempre referência ao número do processo no respectivo Juízo e ao número da correspondente inscrição de Dívida Ativa, bem como ao nome das partes e de seus advogados, suficientes para a sua identificação.

Art. 28. O Juiz, a requerimento das partes, poderá, por conveniência da unidade da garantia da execução, ordenar a reunião de processos contra o mesmo devedor.

Parágrafo único. Na hipótese deste artigo, os processos serão redistribuídos ao Juízo da primeira distribuição.

Art. 29. A cobrança judicial da Dívida Ativa da Fazenda Pública não é sujeita a concurso de credores ou habilitação em falência, concordata, liquidação, inventário ou arrolamento

Parágrafo único. O concurso de preferência somente se verifica entre pessoas jurídicas de direito público, na seguinte ordem:

I – União e suas autarquias;

II – Estados, Distrito Federal e Territórios e suas autarquias, conjuntamente e *pro rata*;

III – Municípios e suas autarquias, conjuntamente e *pro rata*.

Art. 30. Sem prejuízo dos privilégios especiais sobre determinados bens, que sejam previstos em lei, responde pelo pagamento da Dívida Ativa da Fazenda Pública a totalidade dos bens e das rendas, de qualquer origem ou natureza, do sujeito passivo, seu espólio ou sua massa, inclusive os gravados por ônus real ou cláusula de inalienabilidade ou impenhorabilidade, seja qual for a data da constituição do ônus ou da cláusula, excetuados unicamente os bens e rendas que a lei declara absolutamente impenhoráveis.

Art. 31. Nos processos de falência, concordata, liquidação, inventário, arrolamento ou concurso de credores, nenhuma alienação será judicialmente autorizada sem a prova de quitação da Dívida Ativa ou a concordância da Fazenda Pública.

Art. 32. Os depósitos judiciais em dinheiro serão obrigatoriamente feitos:

I – na Caixa Econômica Federal, de acordo com o Decreto-Lei nº 1.737, de 20 de dezembro de 1979, quando relacionados com a execução fiscal proposta pela União ou suas autarquias;

II – na Caixa Econômica ou no banco oficial da unidade federativa ou, à sua falta, na Caixa Econômica Federal, quando relacionados com execução fiscal proposta pelo Estado, Distrito Federal, Municípios e suas autarquias.

§ 1º. Os depósitos de que trata este artigo estão sujeitos à atualização monetária, segundo os índices estabelecidos para os débitos tributários federais.

§ 2º. Após o trânsito em julgado da decisão, o depósito, monetariamente atualizado, será devolvido ao depositante ou entregue à Fazenda Pública, mediante ordem do Juízo competente.

Art. 33. O Juízo, do Ofício, comunicará à repartição competente da Fazenda Pública, para fins de averbação no Registro da Dívida Ativa, a decisão final, transitada em julgado, que der por improcedente a execução, total ou parcialmente.

Art. 34. Das sentenças de primeira instância proferidas em execuções de valor igual ou inferior a 50 (cinquenta) Obrigações Reajustáveis do Tesouro Nacional – ORTN, só se admitirão embargos infringentes e de declaração.

§ 1º. Para os efeitos deste artigo considerar-se-á o valor da dívida monetariamente atualizado e acrescido de multa e juros de mora e de mais encargos legais, na data da distribuição.

§ 2º. Os embargos infringentes, instruídos, ou não, com documentos novos, serão deduzidos, no prazo de 10 (dez) dias perante o mesmo Juízo, em petição fundamentada.

§ 3º. Ouvido o embargado, no prazo de 10 (dez) dias, serão os autos conclusos ao Juiz, que, dentro de 20 (vinte) dias, os rejeitará ou reformará a sentença.

Art. 35. Nos processos regulados por esta Lei, poderá ser dispensada a audiência de revisor, no julgamento das apelações.

Art. 36. Compete à Fazenda Pública baixar normas sobre o recolhimento da Dívida Ativa respectiva, em Juízo ou fora dele, e aprovar, inclusive, os modelos de documentos de arrecadação.

Art. 37. O Auxiliar de Justiça que, por ação ou omissão, culposa ou dolosa, prejudicar a execução, será responsabilizado, civil, penal e administrativamente.

Parágrafo único. O Oficial de Justiça deverá efetuar, em 10 (dez) dias, as diligências que lhe forem ordenadas, salvo motivo de força maior devidamente justificado perante o Juízo.

Art. 38. A discussão judicial da Dívida Ativa da Fazenda Pública só é admissível em execução, na forma desta Lei, salvo as hipóteses de mandado de segurança, ação de repetição do indébito ou ação anulatória do ato declarativo da dívida, esta precedida do depósito preparatório do valor do débito, monetariamente corrigido e acrescido dos juros e multa de mora e demais encargos.

Parágrafo único. A propositura, pelo contribuinte, da ação prevista neste artigo importa em renúncia ao poder de recorrer na esfera administrativa e desistência do recurso acaso interposto.

Art. 39. A Fazenda Pública não está sujeita ao pagamento de custas e emolumentos. A prática dos atos judiciais de seu interesse independerá de preparo ou de prévio depósito.

Parágrafo único. Se vencida, a Fazenda Pública ressarcirá o valor das despesas feitas pela parte contrária.

Art. 40. O Juiz suspenderá o curso da execução, enquanto não for localizado o devedor ou encontrados bens sobre os quais possa recair a penhora, e, nesses casos, não correrá o prazo de prescrição.

§ 1º. Suspenso o curso da execução, será aberta vista dos autos ao representante judicial da Fazenda Pública.

§ 2º. Decorrido o prazo máximo de 1 (um) ano, sem que seja localizado o devedor ou encontrados bens penhoráveis, o Juiz ordenará o arquivamento dos autos.

§ 3º. Encontrados que sejam, a qualquer tempo, o devedor ou os bens, serão desarquivados os autos para prosseguimento da execução.

§ 4º. Se da decisão que ordenar o arquivamento tiver decorrido o prazo prescricional, o juiz, depois de ouvida a Fazenda Pública, poderá, de ofício, reconhecer a prescrição intercorrente e decretá-la de imediato.

• § 4º acrescido pela Lei nº 11.051/2004.

§ 5º. A manifestação prévia da Fazenda Pública prevista no § 4º deste artigo será dispensada no caso de cobranças judiciais cujo valor seja inferior ao mínimo fixado por ato do Ministro de Estado da Fazenda.

• § 5º acrescido pela Lei nº 11.960/2009.

Art. 41. O processo administrativo correspondente à inscrição de Dívida Ativa, à execução fiscal ou à ação proposta contra a Fazenda Pública será mantido na repartição competente, dele se extraindo as cópias autenticadas ou certidões, que forem requeridas pelas partes ou requisitadas pelo Juiz ou pelo Ministério Público.

Parágrafo único. Mediante requisição do Juiz à repartição competente, com dia e hora previamente marcados, poderá o processo administrativo ser exibido na sede do Juízo, pelo funcionário para esse fim designado, lavrando o serventuário termo da ocorrência, com indicação, se for o caso, das peças a serem trasladadas.

Art. 42. Revogadas as disposições em contrário, esta Lei entrará em vigor 90 (noventa) dias após a data de sua publicação.

Brasília, 22 de setembro de 1980; 159º da Independência e 92º da República.

João Figueiredo
DOU de 24.9.1980

3. LEI Nº 8.137, DE 27 DE DEZEMBRO DE 1990

Define crimes contra a ordem tributária, econômica e contra as relações de consumo, e dá outras providências.

O Presidente da República,

Faço saber que o Congresso Nacional decreta e eu sanciono a seguinte Lei:

Capítulo I – Dos Crimes contra a Ordem Tributária

Seção I – Dos crimes praticados por particulares

Art. 1º. Constitui crime contra a ordem tributária suprimir ou reduzir tributo, ou contribuição social e qualquer acessório, mediante as seguintes condutas:[19]

I – omitir informação, ou prestar declaração falsa às autoridades fazendárias;

II – fraudar a fiscalização tributária, inserindo elementos inexatos, ou omitindo operação de qualquer natureza, em documento ou livro exigido pela lei fiscal;

III – falsificar ou alterar nota fiscal, fatura, duplicata, nota de venda, ou qualquer outro documento relativo à operação tributável;

IV – elaborar, distribuir, fornecer, emitir ou utilizar documento que saiba ou deva saber falso ou inexato;

V – negar ou deixar de fornecer, quando obrigatório, nota fiscal ou documento equivalente, relativa a venda de mercadoria ou prestação de serviço, efetivamente realizada, ou fornecê-la em desacordo com a legislação.

---

19. Suspensão da pretensão punitiva durante o parcelamento fiscal, e, com o seu adimplemento opera a extinção da punibilidade, conforme os arts. 34, da Lei nº 9.249, de 26 de dezembro de 1995; 83, da Lei nº 9.430, de 27 de dezembro de 1996; 15, da Lei nº 9.964, de 10 de abril de 2000; e 68 e 69 da Lei nº 11.941, de 27 de maio de 2009.

Pena – reclusão de 2 (dois) a 5 (cinco) anos, e multa

Parágrafo único. A falta de atendimento da exigência da autoridade, no prazo de 10 (dez) dias, que poderá ser convertido em horas em razão da maior ou menor complexidade da matéria ou da dificuldade quanto ao atendimento da exigência, caracteriza a infração prevista no inciso V.

Art. 2º. Constitui crime da mesma natureza:[20]

I – fazer declaração falsa ou omitir declaração sobre rendas, bens ou fatos, ou empregar outra fraude, para eximir-se, total ou parcialmente, de pagamento de tributo;

II – deixar de recolher, no prazo legal, valor de tributo ou de contribuição social, descontado ou cobrado, na qualidade de sujeito passivo de obrigação e que deveria recolher aos cofres públicos;

III – exigir, pagar ou receber, para si ou para o contribuinte beneficiário, qualquer percentagem sobre a parcela dedutível ou deduzida de imposto ou de contribuição como incentivo fiscal;

IV – deixar de aplicar, ou aplicar em desacordo com o estatuído, incentivo fiscal ou parcelas de imposto liberadas por órgãos ou entidades de desenvolvimento;

V – utilizar ou divulgar programa de processamento de dados que permita ao sujeito passivo da obrigação tributária possuir informação contábil diversa daquela que é, por lei, fornecida à Fazenda Pública.

Pena – detenção, de 6 (seis) meses a 2 (dois) anos, e multa.

Seção II – Dos crimes praticados por funcionários públicos

Art. 3º. Constitui crime funcional contra a ordem tributária, além dos previstos no Decreto-Lei nº 2.848, de 7 de dezembro de 1940 – Código Penal (Título XI, Capítulo I):

I – extraviar livro oficial, processo fiscal ou qualquer documento, de que tenha a guarda em razão da função; sonegá-lo, ou inutilizá-lo, total ou parcialmente, acarretando pagamento indevido ou inexato de tributo ou contribuição social;

---

20. *Idem.*

II – exigir, solicitar ou receber, para si ou para outrem, direta ou indiretamente, ainda que fora da função ou antes de iniciar seu exercício, mas em razão dela, vantagem indevida; ou aceitar promessa de tal vantagem, para deixar de lançar ou cobrar tributo ou contribuição social, ou cobrá-los parcialmente.

Pena – reclusão, de 3 (três) a 8 (oito) anos, e multa.

III – patrocinar, direta ou indiretamente, interesse privado perante a administração fazendária, valendo-se da qualidade de funcionário público.

Pena – reclusão, de 1 (um) a 4 (quatro) anos, e multa.

Capítulo II – Dos Crimes contra a Economia e as Relações de Consumo

Art. 4º. Constitui crime contra a ordem econômica:

I – abusar do poder econômico, dominando o mercado ou eliminando, total ou parcialmente, a concorrência mediante qualquer forma de ajuste ou acordo de empresas;

- *Inciso I com redação dada pela Lei nº 12.529/2011.*

a) a f) (revogadas).

- *Alíneas "a" a "f" revogadas pela Lei nº 12.529/2011.*

II – formar acordo, convênio, ajuste ou aliança entre ofertantes, visando:

- *Inciso II, caput, com redação dada pela Lei nº 12.529/2011.*

a) à fixação artificial de preços ou quantidades vendidas ou produzidas;

- *Alínea "a" com redação dada pela Lei nº 12.529/2011.*

b) ao controle regionalizado do mercado por empresa ou grupo de empresas;

- *Alínea "b" com redação dada pela Lei nº 12.529/2011.*

c) ao controle, em detrimento da concorrência, de rede de distribuição ou de fornecedores.

- *Alínea "c" com redação dada pela Lei nº 12.529/2011.*

Pena – reclusão, de 2 (dois) a 5 (cinco) anos e multa.
- Pena com redação dada pela Lei nº 12.529/2011.

III a VII– (revogados).
- Incisos III a VII revogados pela Lei nº 12.529/2011.

Art. 5º. (Revogado).
- Art. 5º revogado pela Lei nº 12.529/2011.

Art. 6º. (Revogado).
- Art. 6º revogado pela Lei nº 12.529/2011.

Art. 7º. Constitui crime contra as relações de consumo:[21]

I – favorecer ou preferir, sem justa causa, comprador ou freguês, ressalvados os sistemas de entrega ao consumo por intermédio de distribuidores ou revendedores;

II – vender ou expor à venda mercadoria cuja embalagem, tipo, especificação, peso ou composição esteja em desacordo com as prescrições legais, ou que não corresponda à respectiva classificação oficial;

III – misturar gêneros e mercadorias de espécies diferentes, para vendê-los ou expô-los à venda como puros; misturar gêneros e mercadorias de qualidades desiguais para vendê-los ou expô-los à venda por preço estabelecido para os de mais alto custo;

IV – fraudar preços por meio de:

a) alteração, sem modificação essencial ou de qualidade, de elementos tais como denominação, sinal externo, marca, embalagem, especificação técnica, descrição, volume, peso, pintura ou acabamento de bem ou serviço;

b) divisão em partes de bem ou serviço, habitualmente oferecido à venda em conjunto;

c) junção de bens ou serviços, comumente oferecidos à venda em separado;

d) aviso de inclusão de insumo não empregado na produção do bem ou na prestação dos serviços;

---

21. V. Lei nº 8.078, de 11 de setembro de 1990 – Código de Defesa do Consumidor.

V – elevar o valor cobrado nas vendas a prazo de bens ou serviços, mediante a exigência de comissão ou de taxa de juros ilegais;

VI – sonegar insumos ou bens, recusando-se a vendê-los a quem pretenda comprá-los nas condições publicamente ofertadas, ou retê-los para o fim de especulação;

VII – induzir o consumidor ou usuário a erro, por via de indicação ou afirmação falsa ou enganosa sobre a natureza, qualidade do bem ou serviço, utilizando-se de qualquer meio, inclusive a veiculação ou divulgação publicitária;

VIII – destruir, inutilizar ou danificar matéria-prima ou mercadoria, com o fim de provocar alta de preço, em proveito próprio ou de terceiros;

IX – vender, ter em depósito para vender ou expor à venda ou, de qualquer forma, entregar matéria-prima ou mercadoria em condições impróprias ao consumo;

Pena – detenção, de 2 (dois) a 5 (cinco) anos, ou multa.

Parágrafo único. Nas hipóteses dos incisos II, III e IX pune-se a modalidade culposa, reduzindo-se a pena e a detenção de 1/3 (um terço) ou a de multa à quinta parte.

Capítulo III – Das Multas

Art. 8º. Nos crimes definidos nos arts. 1º a 3º desta lei, a pena de multa será fixada entre 10 (dez) a 360 (trezentos e sessenta) dias-multa, conforme seja necessário e suficiente para reprovação e prevenção do crime.

Parágrafo único. O dia-multa será fixado pelo juiz em valor não inferior a 14 (quatorze) nem superior a 200 (duzentos) Bônus do Tesouro Nacional – BTN.

Art. 9º. A pena de detenção ou reclusão poderá ser convertida em multa de valor equivalente a:

I – 200.000 (duzentos mil) até 5.000.000 (cinco milhões) de BTN, nos crimes definidos no art. 4º;

II – 5.000 (cinco mil) até 200.000 (duzentos mil) BTN, nos crimes definidos nos arts. 5º e 6º;

III – 50.000 (cinquenta mil) até 1.000.000 (um milhão de BTN), nos crimes definidos no art. 7º.

Art. 10. Caso o juiz, considerado o ganho ilícito e a situação econômica do réu, verifique a insuficiência ou excessiva onerosidade das penas pecuniárias previstas nesta lei, poderá diminuí-las até a décima parte ou elevá-las ao décuplo.

Capítulo IV – Das Disposições Gerais

Art. 11. Quem, de qualquer modo, inclusive por meio de pessoa jurídica, concorre para os crimes definidos nesta lei, incide nas penas a estes cominadas, na medida de sua culpabilidade.

Parágrafo único. Quando a venda ao consumidor for efetuada por sistema de entrega ao consumo ou por intermédio de outro em que o preço ao consumidor é estabelecido ou sugerido pelo fabricante ou concedente, o ato por este praticado não alcança o distribuidor ou revendedor.

Art. 12. São circunstâncias que podem agravar de 1/3 (um terço) até a metade as penas previstas nos arts. 1º, 2º e 4º a 7º:

I – ocasionar grave dano à coletividade;

II – ser o crime cometido por servidor público no exercício de suas funções;

III – ser o crime praticado em relação à prestação de serviços ou ao comércio de bens essenciais à vida ou à saúde.

Art. 13. (Vetado).

Art. 14. (Revogado).

- *Art. 14 revogado pela Lei nº 8.383/1991.*
- *Dispunha este art. 14:*

  Art. 14. Extingue-se a punibilidade dos crimes definidos nos arts. 1º a 3º quando o agente promover o pagamento de tributo ou contribuição social, inclusive acessórios, antes do recebimento da denúncia.

- *A Lei nº 9.249, de 26 de dezembro de 1995 dispõe:*

    Art. 34. Extingue-se a punibilidade dos crimes definidos na Lei nº 8.137, de 27 de dezembro de 1990, e na Lei nº 4.729, de 14 de julho de 1965, quando o agente promover o pagamento do tributo ou contribuição social, inclusive acessórios, antes do recebimento da denúncia.

- *A Lei nº 9.430, de 27 de dezembro de 1996, atualizada, prevê:*

    Art. 83. A representação fiscal para fins penais relativa aos crimes contra a ordem tributária previstos nos arts. 1º e 2º da Lei nº 8.137, de 27 de dezembro de 1990, e aos crimes contra a Previdência Social, previstos nos arts. 168-A e 337-A do Decreto-Lei nº 2.848, de 7 de dezembro de 1940 (Código Penal), será encaminhada ao Ministério Público depois de proferida a decisão final, na esfera administrativa, sobre a exigência fiscal do crédito tributário correspondente. [Redação dada pela Lei nº 12.350/2010].

    § 1º. Na hipótese de concessão de parcelamento do crédito tributário, a representação fiscal, para fins penais somente será encaminhada ao Ministério Público após a exclusão da pessoa física ou jurídica do parcelamento. [Acrescido pela Lei nº 12.382/2011]

    § 2º. É suspensa a pretensão punitiva do Estado referente aos crimes previstos no caput, durante o período em que a pessoa física ou jurídica relacionada com o agente dos aludidos crimes estiver incluída no parcelamento, desde que o pedido de parcelamento tenha sido formalizado antes do recebimento da denúncia criminal. [Acrescido pela Lei nº 12.382/2011].

    § 3º. A prescrição criminal não corre durante o período de suspensão da pretensão punitiva. [Acrescido pela Lei nº 12.382/2011]

    § 4º. Extingue-se a punibilidade dos crimes referidos no caput quando a pessoa física ou jurídica relacionada com o agente efetuar o pagamento integral dos débitos oriundos de tributos, inclusive acessórios, que tiverem sido objeto de concessão de parcelamento. [Acrescido pela Lei nº 12.382/2011]

    § 5º. O disposto nos §§ 1º a 4º não se aplica nas hipóteses de vedação legal de parcelamento. [Acrescido pela Lei nº 12.382/2011]

    § 6º. As disposições contidas no caput do art. 34 da Lei nº 9.249, de 26 de dezembro de 1995, aplicam-se aos processos administrativos e aos inquéritos e processos em curso, desde que não recebida a denúncia pelo juiz. [Renumerado do parágrafo único, pela Lei nº 12.382/2011]

Art. 15. Os crimes previstos nesta lei são de ação penal pública, aplicando-se-lhes o disposto no art. 100 do Decreto-Lei nº 2.848, de 7 de dezembro de 1940 – Código Penal.

Art. 16. Qualquer pessoa poderá provocar a iniciativa do Ministério Público nos crimes descritos nesta lei, fornecendo-lhe por escrito informações sobre o fato e a autoria, bem como indicando o tempo, o lugar e os elementos de convicção.

- *Este dispositivo tem a exceção legal, não se aplicando, afora a matéria discutida, aos Crimes contra a Ordem Tributária.*
- *A Lei nº 9.430, de 27 de dezembro de 1996, atualizada, prevê:*

Art. 83. *A representação fiscal para fins penais relativa aos crimes contra a ordem tributária previstos nos arts. 1º e 2º da Lei nº 8.137, de 27 de dezembro de 1990, e aos crimes contra a Previdência Social, previstos nos arts. 168-A e 337-A do Decreto-Lei nº 2.848, de 7 de dezembro de 1940 (Código Penal), será encaminhada ao Ministério Público depois de proferida a decisão final, na esfera administrativa, sobre a exigência fiscal do crédito tributário correspondente. [Redação dada pela Lei nº 12.350/2010].*

§ 1º. Na hipótese de concessão de parcelamento do crédito tributário, a representação fiscal, para fins penais somente será encaminhada ao Ministério Público após a exclusão da pessoa física ou jurídica do parcelamento. [Acrescido pela Lei nº 12.382/2011]

Parágrafo único. Nos crimes previstos nesta Lei, cometidos em quadrilha ou coautoria, o coautor ou partícipe que através de confissão espontânea revelar à autoridade policial ou judicial toda a trama delituosa terá a sua pena reduzida de um a dois terços. *(Acrescido pela Lei nº 9.080/1995)*

Art. 17. Compete ao Departamento Nacional de Preços, quando e se necessário, providenciar a desapropriação de estoques, a fim de evitar crise no mercado ou colapso no abastecimento.

Art. 18. (Revogado). *(Revogado pela Lei nº 8.176/1991)*

Art. 19. O *caput* do art. 172 do Decreto-Lei nº 2.848, de 7 de dezembro de 1940 – Código Penal, passa a ter a seguinte redação:

"*Art. 172. Emitir fatura, duplicata ou nota de venda que não corresponda à mercadoria vendida, em quantidade ou qualidade, ou ao serviço prestado.*

Pena – detenção, de 2 (dois) a 4 (quatro) anos, e multa".

Art. 20. O § 1º do art. 316 do Decreto-Lei nº 2.848, de 7 de dezembro de 1940, Código Penal, passa a ter a seguinte redação:

"*Art. 316. (...)*

§ 1º. Se o funcionário exige tributo ou contribuição social que sabe ou deveria saber indevido, ou, quando devido, emprega na cobrança meio vexatório ou gravoso, que a lei não autoriza;

Pena – reclusão, de 3 (três) a 8 (oito) anos, e multa."

Art. 21. O art. 318 do Decreto-Lei nº 2.848, de 7 de dezembro de 1940, Código Penal, quanto à fixação da pena, passa a ter a seguinte redação:

"*Art. 318. (...)*

Pena – reclusão, de 3 (três) a 8 (oito) anos, e multa."

Art. 22. Esta Lei entra em vigor na data de sua publicação.

Art. 23. Revogam-se as disposições em contrário e, em especial, o art. 279 do Decreto-Lei nº 2.848, de 7 de dezembro de 1940, Código Penal.

Brasília, 27 de dezembro de 1990; 169º da Independência e 102º da República.

Fernando Collor

DOU de 28.12.1990

REFERÊNCIAS

AMARAL, Sylvio do. *Falsidade documental*. 4. ed. Campinas: Millennium, 2000.

ANDRADE, Luciano Benévolo. Dívida ativa: inscrição. *Revista de Direito Tributário*, São Paulo, v. 15, p. 127, 1981. (Revista dos Tribunais)

ANDRÉ FILHO, Pedro Felício. Infrações tributárias. *Revista Tributária e de Finanças*, São Paulo, v. 70, p. 239-52, 2006. (Revista dos Tribunais)

ARRUDA ALVIM, José Manoel. Da prescrição intercorrente. In: CIANCI, Mirna (Coord.). *Prescrição no novo Código Civil*: uma análise interdisciplinar. São Paulo: Saraiva, 2005.

ATALIBA, Geraldo. *Apontamentos de Ciência das Finanças, Direito Financeiro e Tributário*. São Paulo: Revista dos Tribunais, 1969.

BADARÓ, Ramagem. *Delitos de sonegação tributária*. São Paulo: Juriscredi, 1976.

BALEEIRO, Aliomar. *Direito Tributário brasileiro*. 8. ed. Rio de Janeiro: Forense, 1976.

_____. *Limitações constitucionais ao poder de tributar*. 4. ed. São Paulo: Forense, 1974.

BARROS, Luiz Celso. *A nova Execução Fiscal*: comentários à Lei nº 6.830. São Paulo/Bauru: Edipro, 1981.

_____. *Ciência das Finanças*: fundamentos de Direito Financeiro. 2. ed. São Paulo/Bauru: Edipro, 1999.

_____. *Direito Tributário*. 2. ed. São Paulo/Bauru: Edipro, 2008.

_____. *Responsabilidade fiscal e criminal*. São Paulo/Bauru: Edipro, 2001.

BASTOS, Celso Ribeiro. *Curso de Direito Financeiro e de Direito Tributário*. São Paulo: Saraiva, 1991.

BECKER, Alfredo Augusto. *Teoria geral do Direito Tributário*. São Paulo: Saraiva, 1972.

BITENCOURT, Cezar Roberto. *Tratado de Direito Penal*. Parte geral. v. 1. 8. ed. São Paulo: Saraiva, 2003.

BOTELHO, Nadia Machado. Crimes contra a Ordem Tributária: Da constituição definitiva do crédito tributário e inexigibilidade de conduta diversa. *Revista Tributária e de Finanças Públicas*, São Paulo, v. 77, p. 224-45, 2007. (Revista do Tribunais)

BRUNO, Anibal. *Direito Penal*. Parte geral. t. 2. 3. ed. Rio de Janeiro: Forense, 1967.

CAHALI, Yussef Said. *Aspectos processuais da prescrição e decadência*. São Paulo: Revista do Tribunais, 1979.

CAPEZ, Fernando. *Curso de Direito Penal*. Parte geral. v. 1. 6. ed. São Paulo: Saraiva, 2003.

CARVALHO, Paulo de Barros. *Curso de Direito Tributário*. 19. ed. rev. São Paulo: Saraiva, 2007.

_____. *Direito Tributário*: fundamentos Jurídicos da incidência tributária. 6. ed. rev. São Paulo: Saraiva, 2008.

_____. *Direito Tributário, linguagem e método*. São Paulo: Noeses, 2008.

CONTIPELLI, Ernani. Apontamentos constitucionais sobre a exceção de preexecutividade. *Revista Tributária*, São Paulo, v. 67, p. 180-94, mar./abr. 2006. (Revista dos Tribunais)

DELMANTO, Celso. *Código Penal comentado*. 3. ed. São Paulo: Renovar, 1991.

DENARI, Zelmo. Prescrição e decadência em Direito Tributário. *Revista da Procuradoria Geral do Estado de São Paulo*, São Paulo, v. 7, p. 64, 1975.

DINAMARCO, Cândido Rangel. *Execução civil*. 8. ed. São Paulo: Malheiros, 2011.

DÓRIA, Antonio Roberto Sampaio. *Direito Constitucional Tributário e due process of law*. 2. ed. Rio de Janeiro: Forense, 1986.

FALCÃO, Amílcar Araújo. *Fato gerador da obrigação tributária*. São Paulo: Revista dos Tribunais, 1971.

FANUCCHI, Fábio. *Curso de Direito Tributário brasileiro*. v. I. São Paulo: Resenha Tributária, 1971.

FRAGOSO, Cláudio Heleno. *Lições de Direito Penal*. 16. ed. Rio de Janeiro: Forense, 2004.

FRANCO, Alberto Silva; STOCO, Rui (Orgs.). *Código Penal e sua interpretação jurisprudencial*. v. 1 e 3. 6. ed. São Paulo: Revista dos Tribunais, 1997.

GARCIA, Basileu. *Instituições de Direito Penal*. 4. ed. São Paulo: Max Limonad, 1976.

GONÇALVES, Antonio Baptista. Responsabilidade penal dos entes coletivos nos crimes contra ordem tributária. *Revista Tributária e de Finanças Públicas*, São Paulo, v. 85, p. 85, 2009. (Revista dos Tribunais)

JANCZESKI, Célio Armando. A extinção da punibilidade pelo pagamento e os novos rumos ditados pela Lei nº 10.684/2003. *Revista Tributária e de Finanças Públicas*, São Paulo, v. 61, p. 257-61, 2005. (Revista dos Tribunais)

JARDIM, Eduardo Marcial Ferreira. *Dicionário jurídico tributário*. 2. ed. São Paulo: Saraiva, 1996.

JESUS, Damásio Evangelista de. *Código de Processo Penal anotado*. 10. ed. São Paulo: Saraiva, 2000.

_____. *Código Penal anotado*. 10. ed. São Paulo: Saraiva, 2000.

_____. *Direito Penal*. Parte geral. v. 1. 26. ed. São Paulo: Saraiva, 2003.

KELSEN, Hans. *Teoria pura do Direito*. Coimbra: Armênio Amado Editor, 1976.

LACOMBE, Américo Masset. *Obrigação tributária*. São Paulo: Revista dos Tribunais, 1977.

MACHADO, Hugo de Brito. *Curso de Direito Tributário*. 3. ed. Rio de Janeiro: Forense, 2013.

MARINHO FILHO, Luciano. Linhas primeiras de um sistema tributário: a "contribuição social" como elemento nuclear. *Revista Tributária e de Finanças Públicas*, São Paulo, v. 86, p. 201-17, 2009. (Revista dos Tribunais)

MARQUES, José Frederico. *O júri no Direito brasileiro*. 2. ed. São Paulo: Saraiva, 1995.

MARTINS, Ives Gandra da Silva. Função privativa da autoridade fiscal de constituir o crédito tributário e declarar a respectiva obrigação – Não há sonegação fiscal sem crédito tributário constituído – Procedibilidade penal e prejudicialidade – Parecer. *Cadernos de Direito Tributário e Finanças*, São Paulo, v. 23, p. 189-209, 1998. (Revista dos Tribunais)

MICHELI, Gian Antonio. *Curso de Direito Tributário*. Tradução de Marco Aurélio Greco e Pedro Luciano Marrey Jr.. São Paulo: Revista dos Tribunais, 1978.

MIRABETE, Julio Fabbrini. *Código de Processo Penal interpretado*. 10. ed. São Paulo: Atlas, 2010.

_____. *Código Penal interpretado*. 3. ed. São Paulo: Atlas, 2003.

_____. *Manual de Direito Penal*. Parte geral. 19. ed. São Paulo: Atlas, 2004.

MONTEIRO, Samuel. *Tributos*. v. 1. São Paulo: Cultural Paulista, 1983.

MORAES, Bernardo Ribeiro de. *Sistema tributário da Constituição de 1969*. São Paulo: Revista dos Tribunais, 1973.

MORAIS, Alexandre. *Constituição do Brasil interpretada*. 6. ed. São Paulo: Atlas, 2006.

NOGUEIRA, Ruy Barbosa. *Teoria do lançamento tributário*. São Paulo: Resenha Tributária, 1973.

NOLASCO, Rita Dias. *Exceção de preexecutividade*. São Paulo: Método, 2003.

NORONHA, Magalhães. *Direito Penal*. São Paulo: Saraiva, 1982.

PINTO, Nelson Luiz. O fundamento da pretensão processual como objeto da prescrição e da decadência. *Revista de Processo*, São Paulo, v. 34, p. 60-84, ano 9, abr./jun. 1984. (Revista dos Tribunais)

PREVIDE, Renato Maso. A importância da decisão final administrativa frente ao recebimento da denúncia. *Revista Tributária e de Finanças Públicas*, São paulo, v. 62, p. 184-91, 2005. (Revista dos Tribunais)

ROSAS, Roberto. *Direito sumular*. 3. ed. São Paulo: Revista dos Tribunais, 1968.

RUIZ FILHO, Antonio; KAUFFMANN, Carlos. Considerações sobre os crimes tributários. *Revista do Advogado – AASP*, São Paulo, n. 118, p. 24-32, dez. 2002.

SAKAKIHARA, Zuudi. In: FREITAS, Vladimir Passos de (Coord.). *Código Tributário Nacional comentado*. 2. ed. São Paulo: Revista dos Tribunais, 2005.

SILVA, César Dario Mariano da. *Manual de Direito Penal*. Parte geral. 3. ed. Rio de Janeiro: Forense, 2003.

SILVA, Jefferson Laborda da. Dos ilícitos tributários: delitos de lavagem de capitais ou ocultação de bens no Brasil e a Lei nº 9.613/1998. *Revista Tributária e de Finanças Públicas*, São Paulo, v. 88, p. 123-36, 2003. (Revista dos Tribunais)

SOUZA, Artur César. Nova hermenêutica para os crimes de colarinho-branco: crimes contra a ordem tributária, econômica e financeira. *Revista Tributária e de Finanças Pública*, São Paulo, v. 96, p. 321-32, 2011. (Revista dos Tribunais)

SOUZA, Rubens Gomes. *Compêndio de Legislação Tributária*. São Paulo: Resenha dos Tribunais, 1981.

TELES, Ney Moura. *Direito Penal*. Parte geral. v. 1. 2. ed. São Paulo: Atlas, 2006.

TOURINHO FILHO, Fernando da Costa. Crime contra a ordem tributária. *Revista Tributária e de Finanças Públicas*, São Paulo, v. 60, p. 343-48, 2005. (Revista dos Tribunais)

_____. *Prática de Processo Penal*. 9. ed. Bauru: Jalovi, 1988.

_____. *Código Tributário Nacional interpretado*. São Paulo: Saraiva, 1995.

UCKMAR, Victor. *Princípios comuns de Direito Constitucional e Tributário*. São Paulo: Revista dos Tribunais, 1976.

XAVIER, Alberto Pinheiro. *Conceito e natureza do lançamento tributário*. São Paulo: Juriscredi, 1972.

ÍNDICE ALFABÉTICO-REMISSIVO

A

AÇÃO

— de ressarcimento, **117**

— penal: ausência de justa causa, *HC*, **115**

AMPLA DEFESA E CONTRADITÓRIO

— na visão do STF, **89**

— processo crime, **109**

ATIPICIDADE DOS CRIMES FISCAIS, 79

AUSÊNCIA DE JUSTA CAUSA NO INQUÉRITO E AÇÃO PENAL: *HC*, 115

AUTO DE INFRAÇÃO DE IMPOSIÇÃO DE MULTA (AIIM), 63

AUTOLANÇAMENTO, HERESIA TERMINOLÓGICA, 65

C

CÂNONES DO DIREITO NATURAL COMO *LEGES LEGUM*, 111

COMPETÊNCIA PARA EFETUAR O LANÇAMENTO, 54

CONCURSO

— de crimes, **21**

— formal, **21**

— formal e crime impossível, **87**

— material, **21**

— material e crime impossível, **87**

CONSTITUIÇÃO

— definitiva do crédito tributário, **58**

— definitiva do crédito tributário e o STF, **89**

— do crédito tributário: lançamento, **53**

CONSUMAÇÃO DO CRIME FISCAL E O STF, 90

CONTINUADO: CRIME, 21

CRÉDITO TRIBUTÁRIO: CONSTITUIÇÃO DEFINITIVA, 58

CRIME(S)

— conceituação, **16**

— concurso, **21**

— consumado, **24**

— continuado, **21**

— continuado e a prescrição, **42**

— continuado e crime impossível, **87**

— contra a ordem tributária: elementares do tipo, **80**

— de sonegação fiscal: elementares do tipo, **82**

— fim e crime meio, **91**

— fiscais: elementares do tipo, **80**

— fiscais: tentativa impunível, **83**

— fiscal e a infração administrativa, **95**

— fiscal na decadência tributária, **62**

— fiscal: crime impossível, **84**

— impossível e concurso formal, **87**

— impossível e concurso material, **87**

— impossível e crime continuado, **87**

— impossível em matéria fiscal, **84**

— material e o stf, **88**

— meio e crime fim, **91**

— noção, **15**

— tentado, **24**

D

DANOS: AÇÃO DE RESSARCIMENTO, 117

DECADÊNCIA

— e a extinção da punibilidade, **29**

— e prescrição no direito penal, **28**

— tributária e crime fiscal, **62**

DECLARAÇÕES PRESTADAS PELO CONTRIBUINTE: EFICÁCIA RELATIVA, 102

DIREITO

— Constitucional, **11**

— natural: *leges legum*, **111**

— Penal, **15**

— Penal Administrativo Tributário e sua justificativa terminológica, **95**

— Processual [Penal, Civil] Tributário, **105**

— Tributário, **47**

— Tributário Constitucional, **99**

— Tributário Penal, **67**

DÍVIDA E PRISÃO, 12

E

EEFEITOS PENAIS DOS LANÇAMENTOS, 68

ELEMENTAR DO TIPO

— tributo, STF, **90**

— nos crimes contra a ordem tributária, **80**

— nos crimes de sonegação fiscal, **82**

ELEMENTARES DOS CRIMES FISCAIS, 80

ELEMENTOS DO TIPO, 22

ESPÉCIES DE TRIBUTO, 48

EXCEÇÃO DE PREEXECUTIVIDADE, 105

EXIGÊNCIA FISCAL: INCONSTITUCIONALIDADE, 102

EXTINÇÃO DA PUNIBILIDADE

— decadência, **29**

— *HC*, **116**

— pagamento, **75**

F

FATO GERADOR, PRESSUPOSTO DO TRIBUTO, 51

FONTE DO DIREITO E SUAS RAMIFICAÇÕES, 11

FORMAL: CONCURSO, 21

G

GARANTIAS

— civis do débito, **108**

— constitucionais do contribuinte, **105**

H

HABEAS CORPUS, **113**

— ausência de justa causa, **115**

— extinção da punibilidade: prescrição, **116**

I

INCONSTITUCIONALIDADE

— de exigências fiscais, **102**

— obrigações acessórias, **99**, **102**

INFRAÇÃO ADMINISTRATIVA E CRIME FISCAL, 95

INQUÉRITO POLICIAL: AUSÊNCIA DE JUSTA CAUSA, *HC*, 115

INTERRUPÇÃO DA PRESCRIÇÃO PENAL, 30

INTRODUÇÃO AO DIREITO TRIBUTÁRIO PENAL, 67

J

JUIZ COMPETENTE PARA RECONHECER A PRESCRIÇÃO, 37

L

LANÇAMENTO

— constituição do crédito tributário, 54

— constituição: competência, 54

— de ofício, 63

— de ofício direito, 68

— de ofício por declaração, 70

— de ofício por homologação, 72

— natureza jurídica, 5

— prazo decadencial, 57

— pressuposto do tributo, 53

— procedimento fiscal apuratório, 63

LEGES LEGUM: CÂNONES DO DIREITO NATURAL, 111

LEI, PRESSUPOSTO DO TRIBUTO, 50

M

MATERIAL: CONCURSO, 21

MÁXIMO DA PENA E A PRESCRIÇÃO, 31

MEDIDAS CIVIS DE GARANTIA, 108

MODALIDADES DE LANÇAMENTOS E SEUS EFEITOS PENAIS, 68

MULTA PENAL E PRESCRIÇÃO, 40

N

NATUREZA JURÍDICA

— da prescrição penal, 35

— do lançamento, 55

NOÇÃO

— de crime, 15

— de tributo, 47

O

OBRIGAÇÕES ACESSÓRIAS: INCONSTITUCIONALIDADE, 99

P

PAGAMENTO DO CRÉDITO TRIBUTÁRIO E A EXTINÇÃO DA PUNIBILIDADE, 75

PERDAS E DANOS: AÇÃO DE RESSARCIMENTO, 117

PRAZO DECADENCIAL E LANÇAMENTO, 57

PRAZOS PRESCRICIONAIS, 29

PREEXECUTIVIDADE, 105

PRESCRIÇÃO

— antes do trânsito em julgado, **31**

— contagem dos prazos, **30**

— da pretensão executória, **36**

— da pretensão punitiva, **29**

— depois do trânsito em julgado, **33**

— de réu menor de **21** anos, **41**

— e a pena privativa de liberdade, **37**

— e o juiz competente, **37**

— e questões processuais, **37**

— e réu maior de **70** anos, **41**

— exasperação da pena, **39**

— no direito penal, **28**

— pena fixada na sentença, **33**

— penal e a pena de multa, **40**

— penal e crime continuado, **42**

— penal e *HC*, **116**

— penal e sua natureza jurídica, **35**

— prazos, **29**

— reconhecimento na sentença, **44**

— virtual, **44**

PRESSUPOSTOS DO TRIBUTO, 49

— fato gerador, **51**

— lançamento, **53**

— lei, **50**

PRETENSÃO EXECUTÓRIA: PRESCRIÇÃO, 36

PRETENSÃO PUNITIVA: PRESCRIÇÃO, 29

PRISÃO POR DÍVIDA, 12

PROCEDIMENTO FISCAL APURATÓRIO DO LANÇAMENTO, 63

PROCESSO CRIME: AMPLA DEFESA E CONTRADITÓRIO, 109

R

RÉU

— maior de **70** anos e a prescrição, **41**

— menor de **21** anos e a prescrição, **41**

S

SENTENÇA PENAL E A PRESCRIÇÃO, 44

STF

— e a ampla defesa na administração pública, **89**

— e a constituição definitiva do crédito tributário, **89**

— a consumação do crime fiscal, **90**

— os crimes fiscais, **87**

— crime material, **88**

— julgamento: considerações derradeiras, **91**

— tributo, elementar do tipo, **90**

T

TENTATIVA IMPUNÍVEL: CRIMES FISCAIS, 83

TIPO PENAL, 22

TIPO: ELEMENTOS, 22

TRIBUTO

— elementar do tipo, STF, **90**

— espécies, **48**

— noção, **47**

— pressupostos, **49**